高等职业教育财会专业系列教材

财务会计（上）

主　编　陆彩兰　杨剑钧

副主编　姚耕宏　姚　红　徐芝君

中国财富出版社有限公司

图书在版编目（CIP）数据

财务会计．上／陆彩兰，杨剑钧主编．—北京：中国财富出版社有限公司，2020.11
（高等职业教育财会专业系列教材）
ISBN 978-7-5047-7234-3

Ⅰ.①财…　Ⅱ.①陆…②杨…　Ⅲ.①财务会计-高等职业教育-教材
Ⅳ.①F234.4

中国版本图书馆 CIP 数据核字（2020）第 172999 号

策划编辑 孟　婷　**责任编辑** 戴海林　孙建秋
责任印制 尚立业　**责任校对** 孙丽丽　**责任发行** 杨　江

出版发行 中国财富出版社有限公司
社　　址 北京市丰台区南四环西路 188 号 5 区 20 楼　**邮政编码** 100070
电　　话 010-52227588 转 2098（发行部）　010-52227588 转 321（总编室）
010-52227588 转 100（读者服务部）　010-52227588 转 305（质检部）
网　　址 http://www.cfpress.com.cn　**排　　版** 宝蕾元
经　　销 新华书店　**印　　刷** 天津市仁浩印刷有限公司
书　　号 ISBN 978-7-5047-7234-3/F·3237
开　　本 787mm×1092mm　1/16　**版　　次** 2021 年 1 月第 1 版
印　　张 10.75　**印　　次** 2021 年 1 月第 1 次印刷
字　　数 235 千字　**定　　价** 42.00 元

前言

《财务会计（上）》是2019年扬州市职业大学“十三五”重点教材立项建设成果，并得到2019年扬州市职业大学专业优秀教学团队项目资助。财务会计是会计专业的一门核心课程，是会计专业知识和技能的主体部分。本教材按照最新课程标准，以新修订的《企业会计准则》为依据，将财务会计知识和核算体系中的资产项目进行编排，总共设置七大项目，包括财务会计总论、货币资金、金融资产、存货、固定资产、长期股权投资和无形资产。同时，基于企业实际，对传统财务会计进行优化组合，克服其理论教学与实践操作相分离的弊端，强调实践操作的及时性和针对性，以适应会计专业人才的培养要求。

本教材编写的特点主要有如下5点。

（1）重视“教、学、做”的一体化和及时性。一方面，以教学内容引导为主线，围绕学生的主体地位，强化学练结合，增加学生动手的机会，使理论教学完全服务于技能训练。另一方面，重视会计技能训练的及时性。通过设置教学任务环节，安排专项的实践操作和重点内容的课堂讨论，并布置相应的作业，使学生利用实践检验会计理论的学习效果，从而及时发现可能存在的不足，尽快实现会计职业能力的提升。

（2）充分利用数字化教学资源。通过设计相应的视频、音频等辅助性教学资源，并利用二维码扫描链接，将现代信息技术贯穿于教材各环节，方便学生进行在线学习、实例训练和自我测试。同时，引进大数据、智能化思维，开设信息化项目模块，为课程教学增添新技术和新方法，促进纸质内容与数字化、信息化教学资源充分融合，更好地适应了高职财会专业的教学需要和其他各界人士的自学需求。

（3）凸显内容设计的层次性和可操作性。针对当代高职学生的学习特点，按照资产项目流动性强弱顺序精心设计教材内容，形成各个项目知识和技能的衔接，符合学生接受新事物的心理需求。并且对接职业标准和岗位要求，注重吸收产业文化和优秀企业文化，通过案例导入、课堂讨论、实践操作等梯度性的活动设计，丰富课程教学内容，不断提升学生的职业素养。

（4）教材表现形式突出直观化与形象化。根据高职学生抽象能力较弱的特点，本教材在语言文字表达方面力求形象化、具体化，内容图文并茂、通俗易懂，体现知识性和趣味性；同时，利用超星网络教学平台配备了相应的在线课程，并计划出版配套的课程习题集，以激发学生个性化学习欲望。

（5）坚持“实用为主、够用为度”原则，结合实际对相关技能进行提炼，避免教学内容庞杂、难度偏大，减轻学生的心理负担，使之建立自信，更快地掌握会计专业技能。

本教材的编写参阅了国内外相关领域的文献资料，并得到了高职院校、专家及出版社老师的指导和帮助，在此表示衷心感谢。同时，在产教融合和校企合作思路的引导下，高职教材的开发和创新工作仍处于不断发展的阶段，限于编者的水平，书中难免有不足之处，敬请读者批评指正。

编　者

2020 年 3 月

目　录

项目一　财务会计总论

知识目标

1. 熟悉财务会计的定义与特点；
2. 掌握会计基本假设和会计基础；
3. 理解会计信息质量要求和会计计量属性。

能力目标

1. 熟练利用会计信息质量要求解决企业信息甄别问题；
2. 具备灵活运用会计六大要素之间勾稽关系的能力。

案例导入

中国会计学会会计教育专业委员会2012年年会的一个小组会正在讨论会计培养目标问题，大家争得面红耳赤。张教授首先发言，他说："现在企业普遍都采用了ERP（企业资源计划）或实现了会计信息化，原来的会计核算工作将全部由计算机代替，小企业为降低成本，也会将会计工作外包，于是中兴通讯财务信息共享服务中心这样专门从事会计服务的公司便应运而生。未来我们会计专业的本专科毕业生还做会计吗？如果不做会计，会计专业还有必要存在吗？"

李教授反驳说："你说的会计只是传统的财务会计，我们会计专业培养的人才不只是从事财务会计工作，大部分人还要从事管理会计工作。我们要培养两种人：一是做会计的人，二是用会计的人，即用会计去管理。比如利用会计数据进行业绩评价、经济预测和风险控制，利用会计数据进行投资决策、资本运作和公司理财，这些都是会计工作。这才是我们会计专业要培养的人。"

与会代表都发表了各自的意见，互不相让，主持人最后提出了两个问题让大家讨论和思考：一是什么是会计？二是财务会计与管理会计有什么区别？

任务一　财务会计概述

什么是财务会计

学习情境一　财务会计的定义与特点

一、财务会计的定义

财务会计是现代企业会计的分支之一，是按照会计准则和会计制度的要求，运用簿记系统的专门方法，通过确认、计量、记录和定期编制财务报告等程序，对企业资金运动进行连续、系统、全面、综合的核算和监督，以便提供反映企业财务状况、经营成果以及现金流量等方面的财务信息，满足各类信息使用者尤其是外部信息使用者决策需要的一项经济管理活动。

二、财务会计的特点

作为现代企业会计的两大分支，财务会计与管理会计相互配合，共同服务于市场经济条件下的现代企业。相对于管理会计来说，财务会计具有以下特点。

1. 财务会计以计量和传递信息为主要目标

财务会计的目标主要是向企业的投资者、债权人、政府部门以及社会公众提供会计信息，让企业的信息使用者尤其是外部信息使用者能够了解企业的财务状况和经营成果，以利于进行经济决策。所以，财务会计主要对外提供会计信息资料，同时也为企业内部管理服务。这一特点与管理会计有着很大的区别：管理会计的目标是规划未来，主要是对企业内部重大的经营活动进行预测和决策。

2. 财务会计以财务报告为工作核心

作为一个会计信息系统，财务会计通过一系列的处理程序将会计信息最终表现为会计报表和其他财务报告。因此，财务会计将财务报告的编制放在最突出的位置。管理会计只是为企业的经营决策提供有选择的或特定的管理信息，并不把财务报告的编制作为其工作核心，其编制的报告也不对外公开。

3. 财务会计仍然以传统会计模式作为信息处理和加工的基本方法

为了提供通用的财务报告，财务会计仍然需要运用传统会计较为成熟的“证—账—表”模式作为处理和加工会计信息的基本方法，而管理会计一般没有特定模式。

4. 财务会计以公认会计原则和行业会计制度为指导

公认会计原则是指导财务会计工作的基本原理和准则，是组织会计活动、处理会计业务的规范。公认会计原则由基本会计准则和具体会计准则组成。同时，根据不同行业的特点，又制定了不同的行业会计制度。这些都是我国财务会计必须遵循的工作规范。管理会计则只需执行企业内部规范，不必严格遵守公认会计原则。

目前，我国会计工作规范主要以《中华人民共和国会计法》（以下简称会计法）、企业会计准则为核心，与其他相关法律法规及规章制度相配套，组成一个较为完整的会计规范体系。

（1）会计法

会计法是我国会计工作的根本法，是制定其他会计法规的依据，也是指导会计工作的最高准则。会计法适用于国家机关、社会团体、公司、企业、事业单位和其他经济组织办理会计事务，会计机构和会计人员必须依法进行会计核算，实施会计监督。

（2）《企业会计准则》

《企业会计准则》是会计核算工作的基本规范，它以会计法为指导，是会计人员从事会计确认、计量、记录以及财务报告工作时必须遵守的基本准则，是对会计实务的规范，也是会计法制化的重要组成部分。企业会计准则体系包括基本准则、具体准则、应用指南和解释。

《小企业会计准则》是专为规范我国境内依法设立的小型企业会计确认、计量及其行为而制定的。小企业也可以执行《企业会计准则》。

从2007年起，新的企业会计准则开始分步骤推广实施，以前指导会计核算工作的《企业会计制度》等虽然尚未正式取消，但有相抵触的地方一律按照新的《企业会计准则》执行。

学习情境二　财务会计的对象与处理程序

一、财务会计的对象

企业会计准则

（一）财务会计的工作对象

财务会计的工作对象是企业过去和现在发生的资金运动，即财务会计所要核算和监督的内容。在日常生产经营活动中，财务会计核算和监督的内容具体表现为各种各样的经济业务。企业的经济业务会引起企业资金筹集、资金使用、资金循环周转和财务成果分配等形式的资金运动。因此，企业常把各种经济业务作为会计核算和监督的对象。

1. 财务会计核算的内容

（1）款项和有价证券的收付；

（2）财物的收发、增减和使用；

（3）债权债务的发生和结算；

（4）资本、基金的增减；

（5）收入、支出、费用、成本的计算；

（6）财务成果的计算和处理；

（7）需要办理会计手续，进行会计核算的其他事项。

2. 财务会计监督的内容

（1）监督会计资料的真实性、可靠性；

（2）监督经济业务的合法性；

（3）监督企业财产的安全性和完整性。

（二）财务会计的服务对象

财务会计的主要服务对象是企业外部信息使用者，包括投资者、债权人、政府有关部门、社会公众等，所以，财务会计又称对外报告会计。同时，财务会计也为企业内部经营管理提供服务。

1. 会计信息的外部使用者

会计信息的外部使用者是不直接参与企业生产经营的，主要包括投资者、债权人、政府有关部门、供应商、竞争对手、社会公众等。

2. 会计信息的内部使用者

会计信息的内部使用者主要包括董事长、首席执行官（CEO）、首席财务官（CFO）、副董事长（主管信息系统、人力资源、财务等）、经营部门经理、分厂经理、分部经理、生产线主管等。

企业每位管理者使用会计信息的具体目标虽然不同，但都是为了帮助企业实现其总体的战略和任务。

课堂讨论

企业财务会计的工作对象和服务对象各是什么？主要向哪些使用者提供会计信息？

二、财务会计的处理程序

财务会计的处理程序是指企业对经济业务事项进行确认、计量、记录和报告的过程。财务会计的处理程序可以用图 1－1 表示。

课堂讨论

1. 财务会计与管理会计有哪些区别？
2. 试举出 3 个会计信息使用者的例子，并结合实际情况说明他们怎样使用信息。

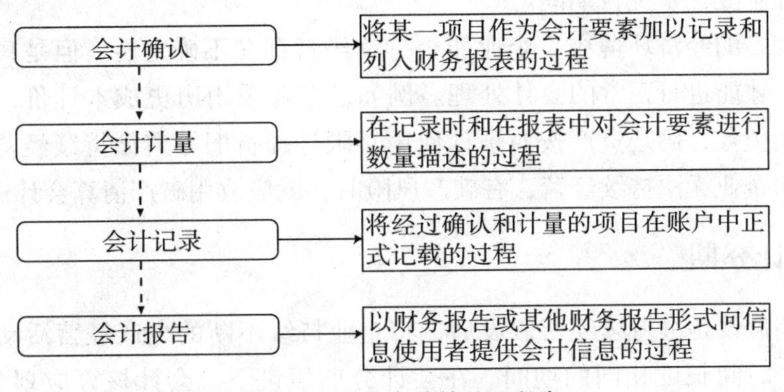

图1-1　财务会计的处理程序

任务二　会计基本假设与会计基础

学习情境一　会计基本假设

会计基本假设是企业会计确认、计量和报告的前提条件，指在会计核算前，对会计活动所处的空间、时间范围等所作出的合理设定。

会计基本假设包括会计主体、持续经营、会计分期和货币计量，如图1-2所示。

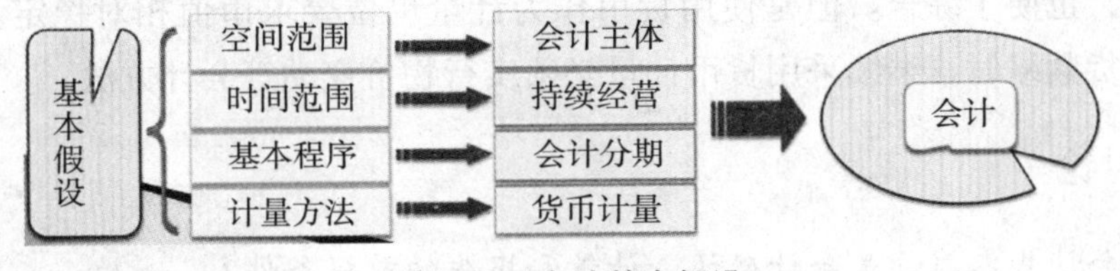

图1-2　会计基本假设

一、会计主体

会计主体又称会计实体，指会计为之服务的特定单位或组织，它规定了会计核算的空间范围。会计主体不同于法律主体（即法人）。一般情况下，一个法律主体往往是一个会计主体，但是会计主体不一定是法律主体。比如，独资企业、合伙企业、企业某分支机构可以是会计主体，却不是法律主体。

二、持续经营

持续经营是指在可以预见的未来，企业将会按目前的规模和状态继续经营下去，不会大规模削减业务，也不会停业或进行清算。持续经营假设明确了企业会计工作的时间范围，即企业正常经营期间。

尽管在现实的经济环境中，企业能否持续经营存在不确定性，但是只有假定企业能持续经营，才能进行正常的会计处理。例如，企业采用历史成本计价，按照既定的合约条件清偿债务，固定资产按照预计使用年限计提折旧等遵循持续经营假设。当有确凿证据证明企业无法持续经营，有破产风险时，就应改用破产清算会计进行处理。

三、会计分期

会计分期假设是继持续经营假设后，将企业持续不断的生产经营活动人为划分成若干连续的、时间长度相同的期间。在会计分期假设下，会计核算应划分会计期间，分期结算账目和编制财务报告，以便及时地提供有关财务状况和经营成果等会计信息。

我国会计期间分为年度、半年度、季度和月度。我国企业会计准则规定，以日历年作为企业的会计年度，即以公历 1 月 1 日至 12 月 31 日作为一个会计年度。

会计分期假设明确了会计核算的基本程序，明确了何时记账、算账和报账问题。由于会计分期，会计核算出现了当期、前期与后期的区分，并对权责发生制和收付实现制进行区别，形成了应收、应付、递延、折旧、摊销等核算方法。

四、货币计量

货币计量是指在会计核算过程中，采用货币为计量单位，计量、记录和报告企业的生产经营活动。我国企业会计准则规定，会计核算应当以人民币为记账本位币。

货币计量假设明确了会计的计量方法。货币是商品的一般等价物，能用以计量所有会计要素，也便于综合。但是使用货币作为计量单位要求币值相对稳定。当出现通货膨胀或通货紧缩时，继续采用货币计量必须实行物价变动等会计方法。

课堂讨论

为什么会计基本假设是会计确认、计量和报告的前提条件？

学习情境二　会计基础

会计基础是会计确认、计量和报告的基础，包括权责发生制和收付实现制。

一、权责发生制

权责发生制又称应收应付制。它是以本会计期间发生的费用和收入是否应计入本期损益为标准，处理有关经济业务的一种制度。

凡是本期已经实现的收入和已经发生或负担的费用，不论款项是否收付，都应当作为本期收入和费用处理；凡是不属于本期的收入和费用，即使款项已经在本期收付，也不应作为本期的收入和费用。

二、收付实现制

收付实现制亦称收付实现基础或现收现付制，与权责发生制对应。

在会计核算中，收付实现制是以款项是否已经收到或付出作为计算标准，来确定本期收益和费用的一种方法。

★我国企业会计核算应当以权责发生制为基础，行政单位采用收付实现制，事业单位除经营业务采用权责发生制外，其他大部分业务采用收付实现制。

课堂讨论

企业会计核算为什么要以权责发生制为基础？

任务三　会计信息质量要求和计量属性

会计信息质量要求

学习情境一　会计信息质量要求

会计信息质量要求是对企业财务报告中所提供的会计信息质量的基本要求，是衡量会计核算工作成效的标准。评价会计信息质量的标准主要有 8 项。

一、可靠性

可靠性是指企业应当以实际发生的交易或者事项为依据进行会计确认、计量和报告，如实反映符合确认和计量要求的各项会计要素及其他相关信息，保证会计信息真实可靠，内容完整。

例如，某公司以预估的形式确认了年度销售收入，并以此完成了账面销售计划，这种做法违背了可靠性的信息质量要求，使得该年度的财务报告不真实。

二、相关性

相关性是指企业提供的会计信息应当与财务会计报告使用者的经济决策需要相关，有助于财务会计报告使用者对企业过去、现在或者未来的情况作出评价或者预测。

相关性要求企业在收集、加工、处理会计信息的过程中，要充分考虑到信息使用者的决策模型和信息需求。例如，区分收入与利得、费用与损失、流动资产与非流动资产等，以提高会计信息的使用价值。

三、可理解性

可理解性是指企业提供的会计信息应当清晰明了，便于财务会计报告使用者理解和使用。

例如，某企业为了信息使用者明白财务报告的真实信息，对财务报告作出了补充性说明，这种做法符合会计信息质量要求中的可理解性。

四、可比性

可比性是指企业提供的会计信息应当具有一贯性和统一性，满足在同一企业不同时期可比（纵向可比）和同一时期不同企业可比（横向可比）两个要求。

同一企业不同时期可比，即纵向可比。企业不应随便改变会计方法、会计程序和会计政策，确保各期会计报表中数据的可比性，提高会计信息的使用价值。若确需变更的，应当在报表附注中说明。

同一时期不同企业可比，即横向可比。企业采用的会计方法、会计程序和会计政策应按规定进行，保证不同企业会计信息口径一致、相互可比。

五、实质重于形式

实质重于形式是指企业应当按照交易或者事项的经济实质进行会计确认、计量和报告，不应仅以交易或者事项的法律形式为依据。实质重于形式主要适用于交易或事项的经济实质与其法律形式不一致的情况。

在多数情况下，企业发生的交易或事项的经济实质与法律形式是一致的，但有时会有所差别。典型的例子：融资租赁与售后回购。企业虽然不具有融资租入的固定资产的所有权，但因与该资产所有权有关的主要风险和报酬已经转移，按照实质重于形式要求，应作为本企业资产入账；售后回购虽然表面上已经出售，但与所有权相关的主要风险和报酬并未转移，所以按照实质重于形式要求，不能确认收入。

六、重要性

重要性是指企业提供的会计信息应当反映与企业财务状况、经营成果和现金流量等有关的所有重要交易或者事项。

重要性可以从质和量两个方面进行判断。从性质方面来看，会计交易或事项只要发生就可能对企业决策有重大影响的，属于具有重要性的事项；从数量方面来讲，某会计交易或事项的发生达到总资产的一定比例（如5%）时，一般就认为其具有重要性。

会计核算时应区分经济业务的重要程度，采用不同的会计处理方法：对于比较重要的会计事项，必须按照规定的方法和程序进行处理，并在财务报告中予以充分、准确的披露；对于次要的会计事项，在不影响真实性的前提下，可适当简化会计核算手续，在财务报告中合并反映。

七、谨慎性

谨慎性是指企业对交易或者事项进行会计确认、计量和报告时应当保持应有的谨慎，不应高估资产或者收益、低估负债或者费用。

企业生产经营存在风险和不确定性，谨慎性要求对风险提前预见，对损失进行合理估计，以利于企业做出正确的经营决策。例如，企业在应收账款收回前应预先估计坏账的可能性，并将这部分损失提前计入财务报表。此外，对于存货跌价、固定资产和无形资产等其他各类资产减值的估计也符合谨慎性要求。

八、及时性

及时性是指企业对于已经发生的交易或者事项，应当及时进行会计确认、计量和报告，不得提前或者延后。

及时性是由会计信息的时效性决定的。及时的信息价值较高，过时的信息只能作为历史参考资料。及时性要求企业在会计核算过程中能够及时收集、处理和传递会计信息。

课堂讨论

如何全面认识财务会计的信息质量要求?

学习情境二　会计计量属性

会计计量属性

会计计量属性是指会计要素的数量特征或外在表现形式，反映会计要素金额的确定基础，主要包括历史成本、重置成本、可变现净值、现值和公允价值5种。

一、历史成本

历史成本亦称原始成本，指原始的交易价格（金额），是经由真实交易如购买取得资产所实际支付的代价。财产、厂房和设备及大部分存货是按其历史成本计量的。

由于历史成本数据相对容易取得，客观可靠，便于确定与核查，因此，历史成本原则便成为会计计量的最重要和最基本属性，体现了会计原则的可靠性及谨慎性。但是在物价变动明显时，其可比性、相关性会降低，难以真实揭示企业的财务情况。

二、重置成本

重置成本又称现行成本或现时投入成本。它通常表示在本期重置或重建持有资产的一种计量属性。按照重置成本计量属性要求，资产重新购买时，应按现在需要支付的现金或现金等价物的金额计量。

重置成本计量能够避免因价格波动引起的收益虚计，有助于客观反映企业财务状况，正确评价企业经营业绩，但是，重置成本的取得较为困难，无法与原有持有资产完全吻合，从而对信息可靠性产生影响。

三、可变现净值

可变现净值又称预期脱手价值或结算价值，指资产按照其正常对外销售所能收到现金或者现金等价物的金额，扣减该资产至完工时估计将要发生的成本、销售费用以及相关税金后的金额计量。

可变现净值计量考虑了预期变现能力，体现了谨慎性要求，但是并不是所有企业资产持有的目的都是变现，所以该计量属性不适用于所有资产。

四、现值

现值又称折现值，是企业对所持有资产通过生产经营，或者所持有负债在正常经营状态下可望实现的未来现金流量的折现。

现值计量考虑了货币时间价值，与决策的相关性最强，但是因未来现金流量的不确定性和折现率选择的难度，决策可靠性较差。

五、公允价值

公允价值是指熟悉情况并自愿的双方在公平交易的基础上进行资产交换或债务结算的金额。

采用公允价值计量具有两个假定：一是相关资产或负债存在惯常市场活动；二是相关资产或负债存在交易量最大且交易活跃程度最高的市场。

课堂讨论

会计计量的各种属性分别在什么情况下使用？

任务四　财务报告要素

财务报告要素

财务报告是反映企业某一特定日期的财务状况和某一会计期间的经营成果、现金流量等会计信息的文件，包括财务报表（资产负债表、利润表、现金流量表和所有者权益变动表）、报表附注和其他相关信息资料。财务报告要素是会计工作的具体对象，是会计用以反映财务状况、确定经营成果的要素（见图1－3）。

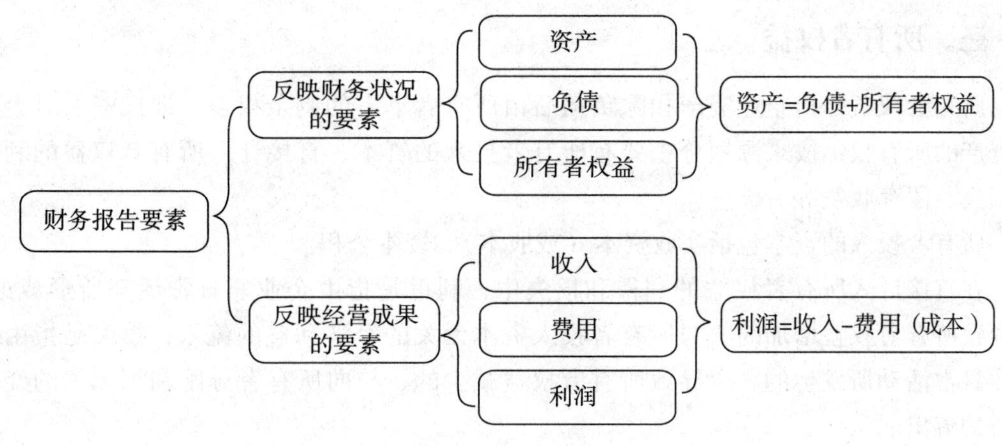

图1-3　财务报告要素

学习情境一　反映财务状况的要素

财务状况要素是反映企业在某一日期经营资金的来源和分布情况的各项要素。一般通过资产负债表反映，由资产、负债和所有者权益组成。

一、资产

资产是指企业过去的交易或者事项形成的、由企业拥有或者控制的、预期会给企业带来经济利益的资源。

资产按其流动性一般分为流动资产和非流动资产。流动资产是预计能够在一个正常营业周期中变现、交易或耗用的资产，包括货币资金、交易性金融资产、应收票据、应收账款、预付账款及存货等。非流动资产是流动资产以外的资产，是预计不能在一个正常营业周期中变现、交易或耗用的资产，包括债权投资、长期股权投资、投资性房地产、固定资产、无形资产、开发支出、递延所得税资产等。

二、负债

负债是指企业过去的交易或者事项形成的、预期会导致经济利益流出企业的现时义务。

负债按照偿还期长短可以分为流动负债和非流动负债。流动负债是指可以合理地预计、需要动用流动资产或者其他流动负债加以清偿的不超过一年或一个营业周期的负债。一般包括短期借款、应付账款、其他应付款、一年内到期的长期负债、预收账款、应付职工薪酬、应付利息、应交税费等。非流动负债是指不需要在一年或一个营业周期内动用流动资产或者其他流动负债加以清偿的负债。包括长期借款、应付债券、长期应付款等。

三、所有者权益

所有者权益是指企业资产扣除负债后由所有者享有的剩余权益，即投资人对企业净资产的所有权，按来源划分主要有所有者投入的资本、直接计入所有者权益的利得和损失、留存收益等。

所有者投入的资本包括实收资本（或股本）、资本公积。

在直接计入所有者权益的利得和损失中，利得是指由企业非日常活动所形成的、会导致所有者权益增加的、与所有者投入资本无关的经济利益的流入；损失是指由企业非日常活动所发生的、会导致所有者权益减少的、与向所有者分配利润无关的经济利益的流出。

留存收益是企业历年实现的净利润留存于企业的部分，包括盈余公积和未分配利润。

反映财务状况的要素之间的关系——会计恒等式（会计第一等式）：

资产 = 负债 + 所有者权益

学习情境二 反映经营成果的要素

经营成果是指企业在一定时期内生产经营活动的结果，即企业取得的收入与耗费相配比的差额。经营成果要素一般通过利润表来反映，由收入、费用和利润 3 个要素构成。

一、收入

收入是指企业在日常活动中形成的、会导致所有者权益增加的、与所有者投入资本无关的经济利益的总流入。会计上的收入包括营业收入（主营业务收入和其他业务收入）、营业外收入等。

二、费用

费用是指企业在日常活动中发生的、会导致所有者权益减少的、与向所有者分配利润无关的经济利益的总流出。会计上的费用主要包括营业成本（主营业务成本和其他业务成本）、管理费用、销售费用、研发费用、财务费用。

三、利润

利润是指企业在一定会计期间的经营成果。利润包括收入减去费用后的净额、直接计入当期利润的利得和损失等。收入减去费用后的净额反映的是企业日常经营活动的业绩，若大于零则为盈利，若小于零则为亏损。利润表中的利润分为营业利润、利润总额和净利润。

直接计入当期利润的利得和损失反映的是非日常活动对企业业绩的影响额。

反映经营成果的要素之间的关系——会计第二等式：

利润 = 收入 - 费用（成本）

课堂讨论

1. 企业财务报告各要素之间的关系是怎样的？如何用公式来表示这些关系？
2. 反映经营成果的会计要素由哪几部分构成？它们相互之间的关系如何？
3. 会计恒等式与会计第二等式有什么联系？

本项目小结

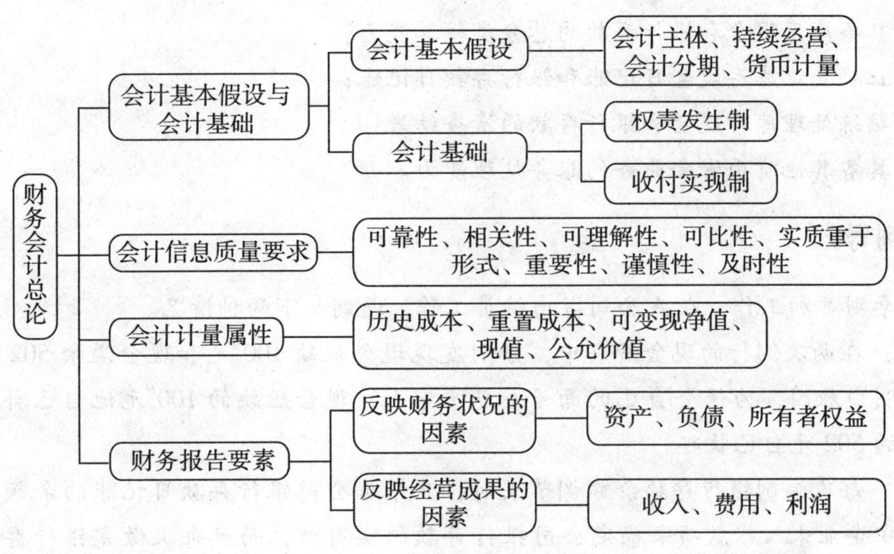

项目二　货币资金

知识目标

1. 熟悉库存现金和银行存款的相关管理规范；
2. 理解各种银行转账结算方式的使用范围和规定；
3. 掌握银行存款余额调节表的编制方法。

能力目标

1. 具备库存现金和银行存款的总分类核算能力；
2. 正确登记库存现金日记账和银行存款日记账；
3. 熟练处理库存现金和银行存款的清查结果；
4. 具备其他货币资金业务的账务处理能力。

案例导入

小李刚参加工作，在A公司做出纳员工作，遇到如下两种情况。

(1) 在两次例行的现金清查中，分别发现现金短缺100元和现金溢余502元。小李弄不明白原因，为保全自己的面子，息事宁人，现金短缺的100元他自己补上，现金溢余的502元自己收起。

(2) 每次编制银行存款余额调节表时，只根据公司银行存款日记账的余额加或减对账单中企业未入账款项来确定公司银行存款的实有数，而且每次做完银行存款余额调节表后，立即将未入账的款项登记入账。

问题思考：请分析判断小李对上述业务的处理是否正确，并给出正确答案。

任务一 库存现金

货币资金

学习情境一 货币资金概述

一、货币资金的概念

货币资金是指在企业生产经营过程中处于货币形态的资产，是流动性较强的一种资产。包括库存现金、银行存款、其他货币资金。

（1）库存现金，指企业自己保存的货币资金，包括人民币现金和外币现金。

（2）银行存款，指企业主要存放于银行的货币资金。

（3）其他货币资金，指除库存现金、银行存款以外的其他各种货币资金，包括外埠存款、银行汇票存款、银行本票存款、信用卡存款、存出投资款等。

二、货币资金核算的日常工作内容

1. 办理现金收付，审核审批单据

严格按照国家有关库存现金管理制度的规定，根据稽核人员审核签章的收付款凭证进行复核，办理款项收付。对于重大的开支项目，必须经过会计主管人员、总会计师或单位领导审核签章，方可办理。收付款后，要在收付款凭证上签章，并加盖“收讫”“付讫”戳记。

2. 办理银行结算，规范使用支票

严格控制签发空白支票。如有特殊原因确需签发不填写金额的转账支票时，必须在支票上写明收款单位名称、款项用途、签发日期，规定限额和报销期限，并由领用支票人在专设登记簿上签章。逾期未用的空白支票应交给签发人。对于填写错误的支票，必须加盖“作废”戳记，与存根一并保存。支票遗失时要立即向银行办理挂失手续。不准将银行账户出租、出借给任何单位或个人办理结算。

3. 认真登记日记账，保证日清月结

根据已经办理完毕的收付款凭证，逐笔序时登记现金和银行存款日记账，并结出余额。现金的账目余额要及时与银行对账单核对。月末要编制银行存款余额调节表，使账面余额与对账单余额调节相符。对于未达账项，要及时查询。要随时掌握银行存款余额，不准签发空头支票。

4. 保管现金和有价证券

对于现金和各种有价证券，要确保其安全和完整无缺。现金不得超过规定的限额，超过部分要及时存入银行。不得以“白条”抵充现金，更不得任意挪用现金。如果发现现金有短缺或溢余，应查明原因，根据情况分别处理，不得私下取走或补足。如有短缺，要负赔偿责任。要保守好保险柜密码，不得任意告知他人；保管好钥匙，不得任意转交他人。

5. 保管有关印章，登记注销支票

出纳人员对于印章应妥善保管，严格按照规定用途使用。签发支票的各种印章，不得全部交由出纳一人保管。对于空白收据和空白支票必须严格管理，专设登记簿登记，认真办理领用注销手续。

6. 复核收入凭证，办理销售结算

认真审查销售业务的有关凭证，严格按照销售合同和银行结算制度及时办理销售款项的结算和催收销售货款。当发生销售纠纷、货款被拒付等情况时，要通知有关部门及时处理。

课堂讨论

如何认真履行货币资金核算的日常工作职责？

学习情境二　库存现金的管理

一、库存现金的概念与特点

库存现金是企业流动性最强的资产，通常指存放于企业财会部门、由出纳人员经管的货币。现金的概念有广义和狭义之分。广义的现金包括库存现金、银行存款和其他货币资金。此处涉及的现金仅仅是指狭义的概念，即库存现金。

二、现金管理制度

1. 现金使用范围

《现金管理暂行条例》规定，凡是在银行开立账户的企业，必须依照规定收支和使用现金，接受开户银行的监督。下列支出可以直接使用现金：

（1）职工工资、工资性津贴；

（2）个人劳务报酬；

（3）根据国家规定颁发给个人的科学技术、文化艺术、体育等各种奖金；

（4）各种劳保、福利费用以及国家规定的对个人的其他支出；

（5）向个人收购农副产品和其他物资的价款；

（6）出差人员必须随身携带的差旅费；

（7）结算起点（1 000 元人民币）以下的零星支出；

（8）中国人民银行确定需要支付现金的其他支出。

课堂讨论

下列哪些支出可以用现金支付？

A. 支付王雨差旅费800元

B. 张丰购入办公用纸、笔共计1 500元

C. 向个人收购废纸等废旧物资支付500元

D. 向个人收购农产品支付货款2 000元

E. 购买原材料支付960元

2. 库存现金的限额

库存现金的**限额**是指为了保证企业日常零星开支的需要，允许企业留存现金的最高数额，由开户银行根据单位实际需要核定。

一般按照单位3～5天日常零星开支的需要确定。边远地区和交通不便地区的企业可留存多于5天、但不超过15天的日常零星开支。超过部分应于当日终了前存入银行，不足部分可签发现金支票从银行提取补足。

零星开支不含工资和差旅费。

3. 库存现金的收支管理

（1）严格职责分工。财务部门应严格遵守“**管钱的不管账，管账的不管钱，账款分开管理**”的原则；财务专用章应由专人保管；出纳员专职负责现金收付和保管工作；实行定期轮岗制度等。

（2）现金收入应于当日送存银行，如当日送存银行确有困难，由银行确定送存时间。

（3）企业可以在现金使用范围内支付现金或从银行提取现金。企业从银行提取现金时，应当注明具体用途，并由财会部门负责签字盖章后，交开户银行审核后方可支取。

（4）企业不得坐支现金。**坐支现金**是指企业从现金收入中直接进行支付。企业现金开支可以从其库存现金限额中支付或从开户银行中提取。因特殊情况确实需要坐支现金的，应当事先报经开户银行审查批准，由开户银行核定坐支范围和限额。企业应向开户银行定期报送坐支现金数额及使用情况。

（5）不准携带现金到外地采购。因采购地不同，交通不便，生产或市场急需，抢险救灾以及其他特殊情况急需使用现金的，企业应当向开户银行提出申请，由本单位财会部门负责人签字盖章，经开户银行审核批准后方可予以支付。

（6）企业应定期或不定期进行现金盘点，确保现金账面余额与实际库存数额相符。

（7）其他规定：不准“**白条顶库**”，即不得用不符合财务制度的凭证（如借条、

收据等）顶替库存现金；不准谎报用途套取现金；不准用银行账户为其他单位和个人存取现金；不得“**公款私存**”，即不准将单位收入的现金以个人名义进行储蓄；不得私设小金库，不设账外账。

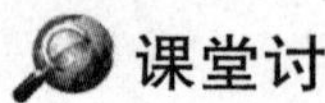

如何理解企业库存现金收支管理规定？

学习情境三　库存现金的序时核算

库存现金的序时核算即设置与登记库存现金日记账。

库存现金日记账一般采用三栏式订本账格式，见表2－1。由企业出纳人员根据收付款凭证，按照经济业务发生时间的先后顺序逐日逐笔登记。每日终了计算现金收入合计数、现金支出合计数和结存数，并将结存数与实际库存余额进行核对（**日清**），月末结出本月合计数，与库存现金总账核对（**月结**），做到**日清月结**，账实相符。

★注意：有外币现金的企业，分别按币种设置库存现金日记账进行序时核算。

表2－1　　库存现金日记账　　单位：元

2020年		凭证		摘要	对方科目	借方	贷方	借/贷	余额
月	日	字	号						
7	31			本月合计				借	1 000
8	1	现付	1	购买办公用品	管理费用		200		
	1	银付	3	提现	银行存款	6 000			
	1	现付	2	李刚借款	其他应收款		1 000		
	1	现收	1	张一报销差旅费	其他应收款	100			
	1			本日合计		6 100	1 200	借	5 900

库存现金日记账的登记方法如下。

①日期栏：登记现金收、付业务发生的实际日期。

②凭证栏：登记收、付款凭证的种类和编号。

③摘要栏：登记经济业务简要说明。

④对方科目栏：登记现金收入或支出的对应账户名称。

如何登记库存现金日记账

⑤金额栏：登记收入或支出现金的金额。收入记借方，支出记贷方，每日终了应计算当日现金收入和现金支出的合计数及本日余额。

⑥借或贷：表明余额的方向。借方余额写“借”字，贷方余额写“贷”字。

⑦余额栏：在登记每笔现金收入或现金支出金额后，应逐日结出当日现金余额。

课堂讨论

如何做好库存现金的序时核算？

学习情境四　库存现金的总分类核算

企业应设置“库存现金”账户，用于库存现金的收取、支付等情况的总分类核算，该账户为资产类账户，借方登记库存现金的增加，贷方登记库存现金的减少，期末余额在借方，反映企业拥有的库存现金数额。库存现金总分类账由出纳人员以外的其他会计人员负责登记，一般采用 三栏式订本账簿。

库存现金总分类核算包括现金收入核算和现金支出核算。

一、现金收入的核算

企业现金收入的途径主要有从银行提取现金；收取转账结算起点 1 000 元以下的小额销售款；职工交回的差旅费等。收入现金时，应根据审核无误的原始凭证进行账务处理。

【例 2－1】通达公司 2020 年 2 月 6 日签发支票一张，从银行提取现金 2 000 元。

借：库存现金　　2 000

　贷：银行存款　　2 000

【例 2－2】通达公司 2020 年 2 月 9 日销售产品一批，不含税价款 1 000 元，增值税 130 元，已收到现金。

借：库存现金　　1 130

　贷：主营业务收入　　1 000

　　应交税费——应交增值税（销项税额）　　130

二、现金支出的核算

企业现金支出必须遵守国家财务制度的规定，在允许的范围内办理。支付现金时，应根据审核无误的原始凭证进行账务处理。

【例 2－3】通达公司 2020 年 2 月 15 日用现金 800 元发放职工困难补助。

借：应付职工薪酬　　800

　贷：库存现金　　800

【例 2－4】通达公司 2020 年 3 月 16 日用现金 1 000 元购买行政管理部门用的办公用品，增值税 130 元。

借：管理费用　　1 000

　应交税费——应交增值税（进项税额）　　130

贷：库存现金　　1 130

【例2－5】通达公司2020年3月20日用现金500元支付行政管理部门职工报销的市内交通费。

借：管理费用　　500

　贷：库存现金　　500

实践操作

增值税发票票样

通达公司2020年3月发生如下业务。

(1) 3月3日，开出现金支票一张，从银行提取现金10 000元以备发放工资。

(2) 3月4日，管理部门使用现金226元购买打印耗材，其中增值税26元。

(3) 3月5日，本月工资发放到位。

(4) 3月6日，销售产品一批，货款600元，增值税税率为13%，收取现金。

如何填写记账凭证

要求对上述业务进行账务处理并正确填制记账凭证。

★关于备用金的核算：

备用金是指企业预付给职工和内部有关单位用作差旅费、零星采购和零星开支，事后需要报销的款项。

关于备用金的核算

备用金核算涉及两种管理制度：一种是非定额备用金制度，即一次性备用金制度，也就是随借随用、用后报销制度；另一种是定额备用金制度。

1. 非定额备用金制度

拨付备用金时：

借：其他应收款——备用金

　贷：库存现金

报销时：

借：管理费用等

　　库存现金

　贷：其他应收款——备用金

【例2－6】2020年3月20日职工李某为公司总部购买办公用品时预借款项800元，以现金支付。

借：其他应收款——备用金（李某）　　800

　贷：库存现金　　800

【例2-7】 2020年3月21日职工李某采购完毕，报销500元，剩余现金300元交回。

借：管理费用　　　　　　　　　　　　　　500
　　库存现金　　　　　　　　　　　　　　300
　贷：其他应收款——备用金（李某）　　　　　　800

2. 定额备用金制度

拨付备用金时：
借：其他应收款——备用金
　贷：库存现金

报销时：
借：管理费用等
　贷：库存现金

补足备用金时：
借：其他应收款——备用金
　贷：库存现金

取消备用金制度时：
借：库存现金
　贷：其他应收款——备用金

【例2-8】 2020年3月19日通达公司为行政管理部门确定定额备用金10 000元，已领取。该部门根据相关事项报销8 000元。公司对该部门取消定额备用金制度时结存现金3 600元，实际报销6 400元。

领取时：
借：其他应收款——备用金　　　　　　　　10 000
　贷：库存现金　　　　　　　　　　　　　　10 000

报销时：
借：管理费用　　　　　　　　　　　　　　8 000
　贷：库存现金　　　　　　　　　　　　　　8 000

取消定额备用金制度时：
借：管理费用　　　　　　　　　　　　　　6 400
　　库存现金　　　　　　　　　　　　　　3 600
　贷：其他应收款——备用金　　　　　　　　10 000

课堂讨论

请比较两种管理制度下的备用金核算，并举例说明。

学习情境五　库存现金清查

一、库存现金清查的概念与方法

1. 概念

库存现金清查是指将库存现金实际结存数与库存现金日记账账面结存数核对（见图2－1），以保证账实相符的一种方法。

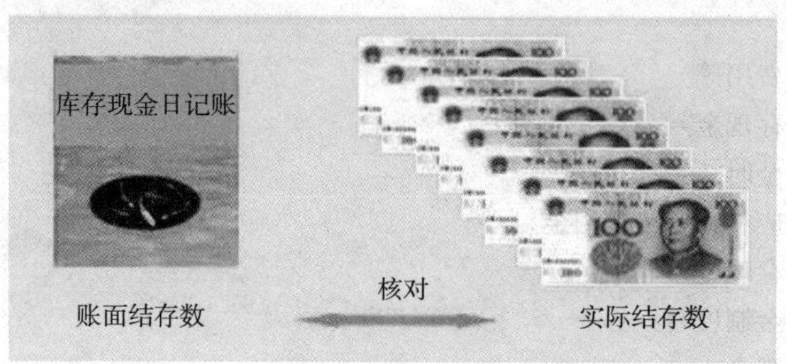

图2－1　库存现金账实核对

库存现金清查包括出纳人员的每日清查、清查小组进行的定期或不定期盘点与核对。

2. 方法

库存现金清查的方法是**实地盘点法**，将现金库存数与现金日记账进行核对，并填写库存现金盘点报告表（重要的原始凭证，见表2－2）。如发现账实不符，应立即查明原因，及时更正。

表2－2　　库存现金盘点报告表

单位名称：　　　　　　　　年　月　日

实存金额	账存金额	实存金额与账存金额对比		备注
		盘盈（长款）	盘亏（短款）	
盘点后得出的实存数	现金日记账的余额	实存金额多于账存金额	实存金额少于账存金额	

盘点人签章：　　　　　　　　出纳员签章：

3. 清查结果

库存现金清查结果分为账实相符或者账实不符，其中，账实不符包括现金溢余（长款）和现金短缺（短款）。

二、库存现金清查的核算

库存现金清查的核算包括现金盘盈（溢余、长款）的核算和现金盘亏（短缺、短款）的核算。在会计核算时，应设置“待处理财产损溢——待处理流动资产损溢”科目，该账户属于资产类过渡账户，借方登记存货的盘亏、毁损金额及盘盈的转销金额，贷方登记存货的盘盈金额及盘亏的转销金额。企业清查的各种资产损溢，应在期末结账前处理完毕，期末处理后，“待处理财产损溢”科目应无余额。

1. 现金盘盈（溢余、长款）的核算

发现时：

借：库存现金

　贷：待处理财产损溢——待处理流动资产损溢

查明原因，批准处理后：

借：待处理财产损溢——待处理流动资产损溢

　贷：其他应付款/营业外收入

2. 现金盘亏（短缺、短款）的核算

发现时：

借：待处理财产损溢——待处理流动资产损溢

　贷：库存现金

查明原因，批准处理后：

借：其他应收款/管理费用

　贷：待处理财产损溢——待处理流动资产损溢

【例2－9】 2020年3月31日通达公司在财产清查中发现现金长款760元。无法查明原因，转作营业外收入。

报经批准前的账务处理（账面调整）：

借：库存现金　　760

　贷：待处理财产损溢——待处理流动资产损溢　　760

报经批准后的账务处理（核销）：

借：待处理财产损溢——待处理流动资产损溢　　760

　贷：营业外收入　　760

【例2－10】 2020年3月31日通达公司在财产清查中发现现金短款520元。无法查明原因，转作管理费用。

报经批准前（账面调整）：

借：待处理财产损溢——待处理流动资产损溢　　520

　贷：库存现金　　520

报经批准后（核销）：

借：管理费用　　520

　贷：待处理财产损溢——待处理流动资产损溢　　520

【例2－11】2020年3月31日通达公司在财产清查中发现现金短款280元，属于出纳员的保管责任。

报经批准前（账面调整）：

借：待处理财产损溢——待处理流动资产损溢　　280

　贷：库存现金　　280

报经批准后（核销）：

借：其他应收款——出纳员　　280

　贷：待处理财产损溢——待处理流动资产损溢　　280

★库存现金清查的会计处理可总结如下（见图2－2）：

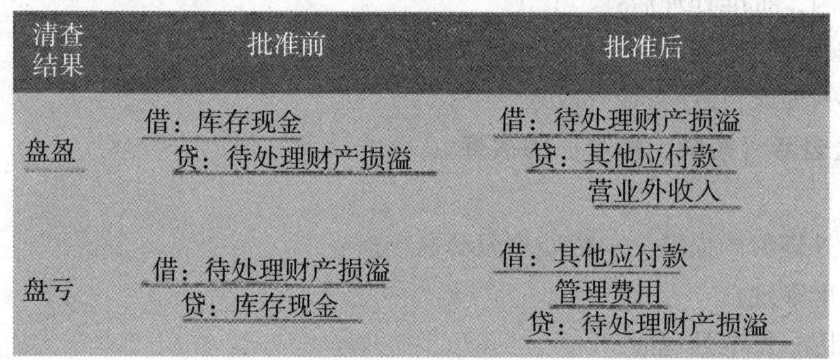

清查结果	批准前	批准后
盘盈	借：库存现金 　贷：待处理财产损溢	借：待处理财产损溢 　贷：其他应付款 　　　营业外收入
盘亏	借：待处理财产损溢 　贷：库存现金	借：其他应付款 　　管理费用 　贷：待处理财产损溢

图2－2　库存现金清查的会计处理

课堂讨论

当无法查明原因时，库存现金溢余结转至“营业外收入”账户，短缺结转至“营业外支出”账户，此说法是否正确？

实践操作

通达公司2020年4月发生如下业务。

(1) 4月7日，管理部门预借现金360元购买打印耗材。

(2) 4月8日，职工张某出差预借1 000元，回来报销600元，余款退回。

(3) 4月9日，现金清点时，发现短款500元，经查发现系出纳张某所为。

要求对公司上述业务进行账务处理并正确填制记账凭证。

任务二　银行存款

学习情境一　银行存款账户

一、银行存款的概念

银行存款是指存放于银行的货币资金。银行是全国结算的中心，各企业都必须在银行开设账户，办理存款、取款和转账结算。企业收入的一切款项除了留存限额内的现金外，其余都必须送存银行；企业的一切支出除规定可用现金支付之外，都必须通过银行办理转账结算。

企业在银行开立账户后，必须遵守中国人民银行的《银行账户管理办法》中的各项规定。

二、银行存款账户的类型

银行存款账户有如下 4 种类型。

（1）基本存款账户：是企业办理日常转账结算和现金收付的账户。企业发放工资、奖金等现金的支取，只能通过基本存款账户办理。

基本存款账户的 4 个“一”：一个企业只能在一家银行的一个分支机构开立一个基本存款账户，不得在多家银行机构开立基本存款账户。

（2）一般存款账户：是企业因借款或其他结算需要，在基本存款账户开户银行以外的银行营业机构开立的银行结算账户。存款人开立一般存款账户没有数量限制，但一般存款账户不能在存款人基本存款账户的开户银行开立。

（3）专用存款账户：是企业因特定用途需要开立的账户。特定用途，专款专用。

（4）临时存款账户：是企业因临时经营活动的需要而开立的账户。企业可以通过该账户办理转账结算和按规定办理现金收付。该账户有效期最长不可超过 2 年。

课堂讨论

能够支取工资、奖金的是什么类型的银行账户？其他银行账户的功能又如何呢？

学习情境二　银行存款的序时核算

银行存款的序时核算即登记银行存款日记账。银行存款日记账是专门用来记录银行存款收支业务的一种特种日记账。银行存款日记账必须采用**订本式账簿**，其账页格式一般采用“收入”（“借方”）、“支出”（“贷方”）和“余额”三栏式，如表2－3所示。

表2－3 **银行存款日记账** 单位：元

2020年		凭证		摘要	对方科目	借方	贷方	借/贷	余额
月	日	字	号						
10	31			本月合计				借	78 600
11	1	银付	1	提取现金	库存现金		10 000		
	1	银付	2	支付A公司货款	应付账款		20 000		
	1	银收	1	收取H公司货款	应收账款	15 000			
	1	银付	3	支付差旅费	其他应收款		800		
	1			本日合计		15 000	30 800	借	62 800

银行存款日记账应由企业出纳人员根据审核无误的银行存款收付凭证，序时逐笔登记，并按日结出余额，避免坐支现金的出现。月末结出本月合计数，与总账核对相符。

月末企业银行存款日记账应该与银行对账单进行核对，按收入、支出、结算凭证的序号、金额等情况逐笔对账。发现一方已入账而另一方未入账的，先判断是不是未达账项，如不是就是某一方记账错误，应马上联系银行处理错账。

★银行存款日记账的登记方法与库存现金日记账的登记方法大致相同。

学习情境三　银行存款的总分类核算

企业应设置“银行存款”账户，用于核算银行存款的增减情况。该账户属于资产类账户，借方登记银行存款的增加，贷方登记银行存款的减少，期末余额在借方，反映企业持有的银行存款数额，并按照不同开户银行、不同币种进行明细核算。由出纳人员以外的其他会计人员登记银行存款总账。银行存款的总分类核算包括银行存款增加的核算和银行存款减少的核算。

一、银行存款增加业务的核算

银行存款增加的业务可能是因企业销售收回账款、将现金存入银行或接受货币性投资等而产生，有关账务处理如下所示。

借：银行存款

　贷：主营业务收入/其他业务收入

　　应交税费——应交增值税（销项税额）

　　应收账款/其他应收款/股本等

【例2－12】通达公司2020年4月7日收到购货单位前欠货款300 000元，已存入银行。

借：银行存款　　300 000

　贷：应收账款　　300 000

【例 2－13】通达公司 2020 年 4 月 8 日销售产品一批，货款 100 000 元，增值税税率为 13%，款项收到已存入银行。

借：银行存款　　113 000

　贷：主营业务收入　　100 000

　　应交税费——应交增值税（销项税额）　　13 000

二、银行存款减少业务的核算

银行存款减少的业务通常因企业购买付款、提取现金等行为而产生，有关账务处理如下所示。

借：在途物资/原材料/材料采购/管理费用等

　　应交税费——应交增值税（进项税额）

　贷：银行存款

【例 2－14】通达公司 2020 年 4 月 13 日开出支票以支付行政办公用品费 6 500 元。

借：管理费用　　6 500

　贷：银行存款　　6 500

【例 2－15】通达公司 2020 年 4 月 15 日为生产产品采购一批甲材料，货款 5 000 元，增值税税率为 13%，材料已验收入库，款项已通过银行转账支付。

借：原材料——甲材料　　5 000

　　应交税费——应交增值税（进项税额）　　650

　贷：银行存款　　5 650

实践操作

通达公司为增值税一般纳税人，增值税税率为 13%，2020 年 4 月发生如下业务。

(1) 4 月 18 日，销售商品一批，货款 3 000 元，对方以银行转账支付。

(2) 4 月 19 日，购买 A 材料一批，价款 2 000 元，款项通过银行转账支付。

要求对公司上述业务进行账务处理并正确填制记账凭证。

学习情境四　银行存款的清查

企业大部分往来结算业务通过银行进行办理。由于企业购销业务频繁，银行存款的数额也随之频繁变动。企业应及时与银行核对账目，进行银行存款的清查。

一、银行存款清查的方法

银行存款清查的具体方法：将银行存款日记账与银行提供的对账单定期进行逐笔

核对，每月至少一次，一般在月末进行（见图2－3）。

图2－3　银行存款账实核对

一般情况下，企业银行存款日记账与银行对账单是相符的，但有时两者也存在不相符的情况，其原因有两个方面：一是企业和银行一方或双方存在记账错误，二是存在未达账项。

所谓**未达账项**，指企业和银行之间，由于记账时间不一致而发生的一方已经入账，而另一方尚未入账的事项。未达账项一般分为以下4种情况：

（1）企业已收款记账，银行未收款未记账的账项；

（2）企业已付款记账，银行未付款未记账的账项；

（3）银行已收款记账，企业未收款未记账的账项；

（4）银行已付款记账，企业未付款未记账的账项。

由于记账错误和未达账项的存在，使得企业银行存款日记账与银行对账单都有可能不是企业银行存款的实有数。为了掌握银行存款的实有数，企业应定期将银行存款日记账余额与银行转来的对账单余额进行核对，以判断企业和银行是否有记账错误，同时确定所有的未达账项。在此基础上，企业可以通过编制银行存款余额调节表来确定企业银行存款实有数。

二、银行存款余额调节表的编制

银行存款余额调节表（见表2－4）的编制方法：一般是在企业银行存款日记账余额和银行对账单余额的基础上，先分别补记对方已记而本方未记的账项金额，再验证调节后双方账目是否相符。

表2－4　　银行存款余额调节表

年　月　日　　　　单位：元

项目	金额	项目	金额
企业银行存款日记账余额		银行对账单余额	
加：银行已收，企业未收 减：银行已付，企业未付		加：企业已收，银行未收 减：企业已付，银行未付	
调节后的余额		调节后的余额	

银行存款余额调节表的编制步骤如下。

步骤1：调节企业银行存款日记账余额。

企业银行存款日记账调节后的余额 = 企业银行存款日记账余额 - 银行已付而企业未付账项 + 银行已收而企业未收账项

步骤2：调节银行对账单余额。

银行对账单调节后的存款余额 = 银行对账单余额 - 企业已付而银行未付账项 + 企业已收而银行未收账项

步骤3：核对调节后的企业银行存款日记账余额和银行对账单存款余额。

通过核对调节，如果银行存款余额调节表上的双方余额相等，那么一般可以说明双方记账没有差错。但是，如果经过调节仍不相等，要么是未达账项未全部查出，要么是一方或双方记账出现差错，需要进一步采用对账方法查明原因，加以更正。调节相等后的银行存款余额是当日可以动用的银行存款实有数。对于银行已经划账、而企业尚未入账的未达账项，要待银行结算凭证到达后，才能据以入账，不能以银行存款余额调节表作为记账依据。

★注意：银行存款余额调节表不是原始凭证，不能作为记账依据。

【例2-16】 通达公司2020年12月31日银行存款日记账的余额为215 312元，银行转来对账单的余额为281 262元。经逐笔核对，发现的未达账项如下。

①企业送存转账支票23 400元，并已登记银行存款增加，但银行尚未记账。

②企业开出转账支票5 850元，但持票单位尚未到银行办理转账，银行尚未记账。

③企业委托银行代收某公司购货款89 500元，银行已收妥并登记入账，但企业尚未收到收款通知，尚未记账。

④银行从企业存款户中扣取借款利息6 000元，银行已登记企业银行存款减少，但企业尚未收到银行付款通知，尚未记账。

根据上述资料编制银行存款余额调节表，如表2-5所示。

表2-5　　银行存款余额调节表

2020年12月31日　　单位：元

项目	金额	项目	金额
企业银行存款日记账余额	215 312	银行对账单余额	281 262
加：银行已收，企业未收	89 500	加：企业已收，银行未收	23 400
减：银行已付，企业未付	6 000	减：企业已付，银行未付	5 850
调节后的余额	298 812	调节后的余额	298 812

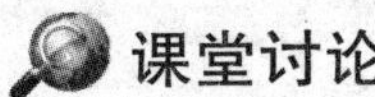

课堂讨论

企业银行存款账实不相符是什么意思？其原因包括哪些？

实践操作

利华公司2020年12月31日银行存款日记账的余额为42 060元，银行转来对账单的余额为46 500元。经逐笔核对，发现未达账项如下。

（1）企业送存转账支票1 500元，并已登记银行存款增加，但银行尚未记账。

（2）企业开出转账支票6 700元，但持票单位尚未到银行办理转账，银行尚未记账。

（3）企业委托银行代收货款2 000元，银行已收妥并登记入账，但企业尚未收到收款通知，尚未记账。

（4）银行从企业存款户中扣取借款利息2 100元，银行已登记企业银行存款减少，但企业尚未收到银行付款通知，尚未记账。

要求：编制银行存款余额调节表。如果将未达账项调节后银行存款日记账与银行对账单的余额仍不相等，说明还存在什么问题？

学习情境五　银行转账结算方式

银行转账结算又称非现金结算，指通过银行划拨转账，将款项从付款单位账户转入收款单位账户的结算行为。与此相对应的是现金结算，即使用现金直接收付的结算行为。

按照《支付结算办法》的规定，现行银行转账结算方式可以分为票据结算和非票据结算两类。其中，票据结算包括支票、银行汇票、银行本票、商业汇票结算；非票据结算主要包括委托收款、托收承付、汇兑、信用证、信用卡结算。

一、支票

支票是出票人签发的、委托办理支票存款业务的银行或者其他金融机构在见票时无条件支付确定的金额给收款人或者持票人的票据。

支票适用范围：单位和个人在同一票据交换区域的各种款项结算，均可使用支票（同城结算）。

支票的种类如下。

（1）现金支票——票面印有“现金”字样，只能用于支取现金。

（2）转账支票——票面印有“转账”字样，只能用于转账。

（3）普通支票——票面未印有“现金”或“转账”字样，可以支取现金，也可以转账。在普通支票左上角划两条平行线的只能用于转账，不得支取现金。

支票票样如图2-4、图2-5、图2-6所示。

支票使用规定如下。

（1）转账支票可以背书转让；现金支票不得背书转让。

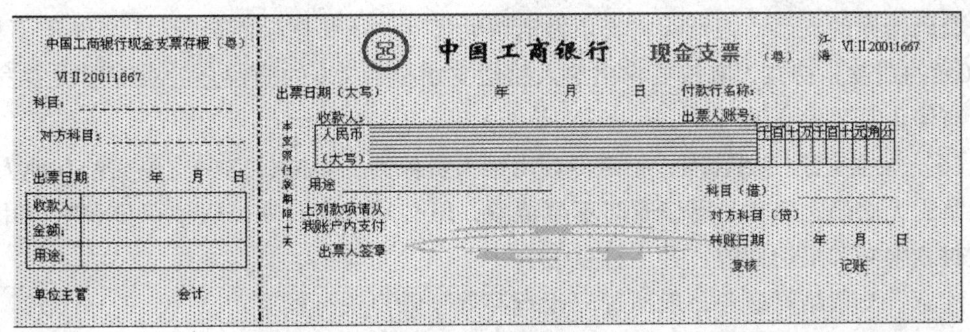

中国工商银行现金支票存根（粤）

VI II 20011667

科目：

对方科目：

出票日期 年 月 日

收款人：	
金额：	
用途：	

单位主管 会计

中国工商银行 现金支票（粤） 江海 VI II 20011667

出票日期（大写） 年 月 日 付款行名称：

收款人： 出票人账号：

人民币（大写）	千	百	十	万	千	百	十	元	角	分

本支票付款期限十天

用途

上列款项请从我账户内支付

出票人签章

科目（借）

对方科目（贷）

转账日期 年 月 日

复核 记账

图 2－4 现金支票

中国工商银行转账支票存根（粤）

VI II 62343579

科目：

对方科目：

出票日期 年 月 日

收款人：	
金额：	
用途：	

单位主管 会计

中国工商银行 转账支票（粤） 江海 VI II 62343579

出票日期（大写） 年 月 日 付款行名称：

收款人： 出票人账号：

人民币（大写）	千	百	十	万	千	百	十	元	角	分

本支票付款期限十天

用途

上列款项请从我账户内支付

出票人签章

科目（借）

对方科目（贷）

转账日期 年 月 日

复核 记账

图 2－5 转账支票

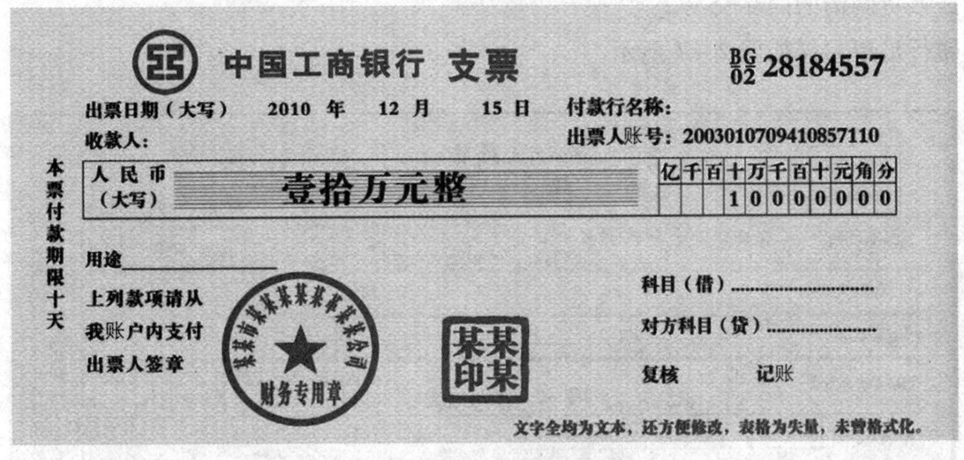

中国工商银行 支票 BG 02 28184557

出票日期（大写） 2010 年 12 月 15 日 付款行名称：

收款人： 出票人账号：2003010709410857110

人民币（大写）	亿	千	百	十	万	千	百	十	元	角	分
壹拾万元整				1	0	0	0	0	0	0	0

本票付款期限十天

用途

上列款项请从我账户内支付

出票人签章

某某市某某某某某某某公司 财务专用章

某某印某

科目（借）

对方科目（贷）

复核 记账

文字全均为文本，还方便修改，表格为矢量，未曾格式化。

图 2－6 普通支票

（2）支票提示付款期为 10 天（从签发支票的当日起，到期日遇法定假日顺延）。

（3）支票签发的日期、大小写金额和收款人名称不得更改，其他内容有误，可以画线更正，并加盖预留银行印鉴证明。

（4）支票发生遗失，可以向付款银行申请挂失止付，挂失前已经支付的，银行不予受理。

（5）出票人签发空头支票、印章与银行预留印鉴不符的支票、使用支付密码地区支付密码错误的支票，银行除将支票做退票处理外，还要按票面金额处以5%但不低于1 000元的罚款；持票人有权要求出票人赔偿支票金额2%的赔偿金。对于屡次签发的，银行应停止其签发支票。

（6）加强支票使用管理，指定专职出纳人员保管，不应将空白支票交给其他人员，如果事先无法确定金额，可以暂时不填金额，但必须填明日期、收款单位和款项用途，规定付款限额和报销期限，并进行登记。

注意：支票结算业务一般通过“银行存款”账户进行核算。

*关于空头支票和空白支票：**空头支票**是指因在银行的存款余额不足而难以兑现的支票；**空白支票**是指存款人向银行领用的支票用纸，即尚未由发票人签发的支票。

课堂讨论

支票分为哪几种类型？支票都可以提取现金和转让吗？

二、银行汇票

银行汇票是指由出票银行签发的、由其在见票时按照实际结算金额无条件付给收款人或者持票人的票据。

银行汇票适用范围：单位、个人异地汇拨各种款项的结算，特别是企业先收款后发货或钱货两清的商品交易。

银行汇票票样如图2－7所示。

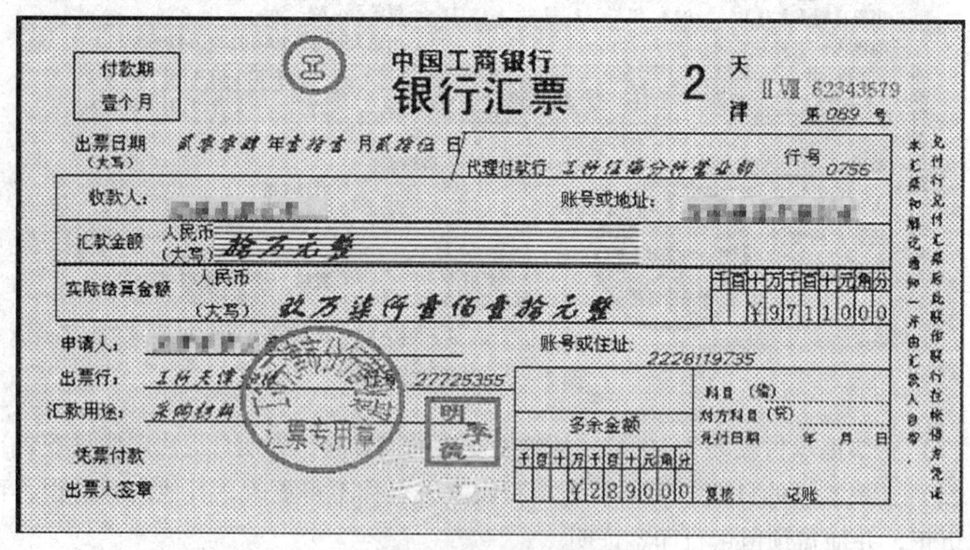

付款期 壹个月

中国工商银行
银行汇票　2　天津　II VII 62343579
第089号

出票日期（大写）　　代理付款行　　行号 0756

收款人：　　账号或地址：

汇款金额 人民币（大写）拾万元整

实际结算金额 人民币（大写）玖万柒仟壹佰壹拾元整

千	百	十	万	千	百	十	元	角	分
		¥	9	7	1	1	0	0	0

申请人：　　账号或住址 2228119735

出票行：　　行号 27725355

汇款用途：

凭票付款

出票人签章

多余金额

千	百	十	万	千	百	十	元	角	分
			¥	2	8	9	0	0	0

科目（借）
对方科目（贷）
兑付日期　年　月　日
复核　记账

本汇票和解讫通知一并由汇款人自带。
兑付行兑付汇票后此联作联行往帐借方凭证

图2－7　银行汇票

银行汇票使用规定如下。

（1）一律记名，允许背书转让。

（2）提示付款期限自出票之日起为1个月。

（3）银行汇票可以转账，填明“现金”字样的可以提现。

（4）银行汇票丢失，失票人可以凭人民法院出具的其享有票据权利的证明，向出票银行请求付款或退款。

注意：银行汇票结算业务一般通过“其他货币资金”账户进行核算。

三、银行本票

银行本票是申请人将款项交存银行，由银行签发的、承诺自己在见票时无条件支付确定的金额给收款人或者持票人的票据。银行本票见票即付，不予挂失，当场抵用，付款保证程度高。

银行本票适用范围：同一交换区域的结算业务。

银行本票种类如下。

（1）不定额银行本票：签发时根据实际需要填写金额（起点金额为100元）；

（2）定额银行本票：面额分为1 000元、5 000元、10 000元和50 000元4种。

银行本票票样如图2－8、图2－9所示。

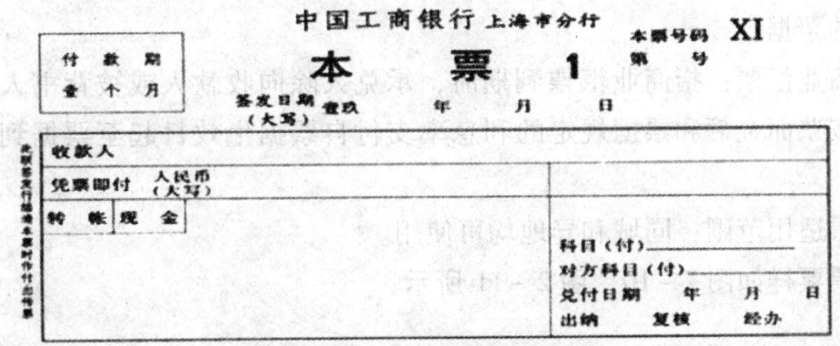

中国工商银行 上海市分行

本票 1　　本票号码 XI 第　号

付款期 壹个月

签发日期（大写）壹玖　年　月　日

收款人

凭票即付 人民币（大写）

转帐 现金

科目（付）

对方科目（付）

兑付日期　年　月　日

出纳　复核　经办

图2－8　不定额银行本票

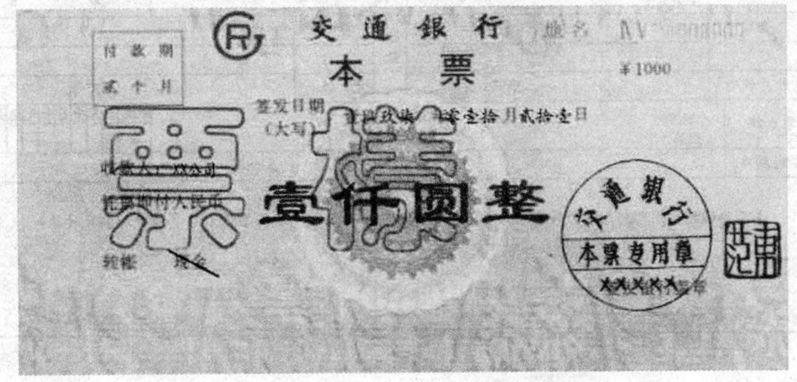

图2－9　定额银行本票

银行本票使用规定如下。

（1）银行本票可以背书转让，但填明“现金”字样的银行本票不能背书转让。

（2）银行本票可以用于转账。填明“现金”字样的，可以支取现金（仅限于个人）。

（3）银行本票的提示付款期限自出票日起最长不超过 2 个月。

（4）银行本票丢失，失票人可以凭人民法院出具的证明，向出票银行请求付款或退款。

注意：银行本票结算业务一般通过“其他货币资金”账户进行核算。

四、商业汇票

商业汇票是由出票人签发的，委托付款人在指定日期无条件支付确定的金额给收款人或者持票人的票据。

商业汇票种类列举如下。

（1）按照承兑人的不同可以分为两种。

①商业承兑汇票：由银行以外的付款人承兑（付款人为承兑人）。

②银行承兑汇票：由银行承兑，手续费按票面金额的 0.5‰收取。

（2）按是否计息可以分为两种。

①不带息商业汇票：指商业汇票到期时，承兑人只按票面金额向收款人或被背书人支付款项的票据。

②带息商业汇票：指商业汇票到期时，承兑人除向收款人或被背书人支付票面金额外，还应按票面金额和票据规定的利息率支付自票据生效日起至票据到期日止的利息的票据。

商业汇票适用范围：同城和异地均可使用。

商业汇票票样如图 2－10、图 2－11 所示。

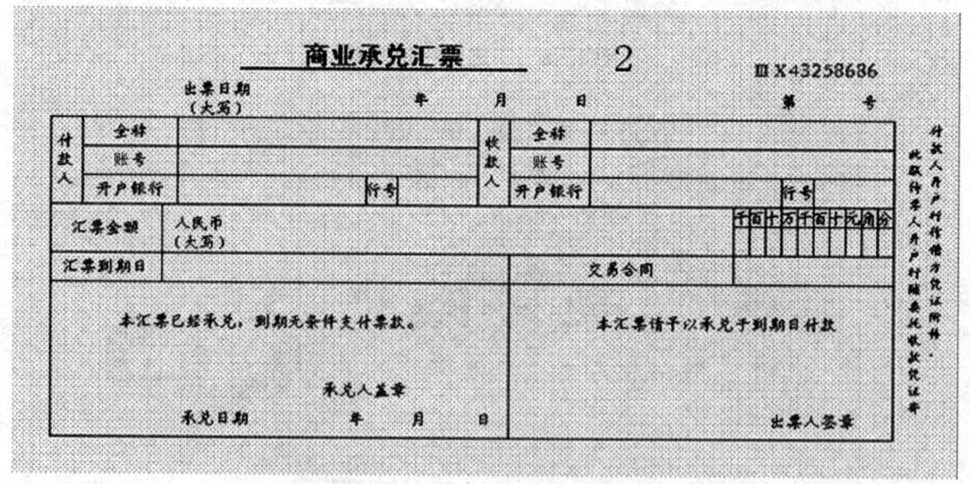

商业承兑汇票　　2　　Ⅲ X43258686

出票日期（大写）　　年　　月　　日　　　　第　　号

付款人	全称			收款人	全称		
	账号				账号		
	开户银行		行号		开户银行		行号
汇票金额	人民币（大写）						千百十万千百十元角分
汇票到期日				交易合同			
本汇票已经承兑，到期无条件支付票款。 承兑人盖章 承兑日期　年　月　日				本汇票请予以承兑于到期日付款 出票人签章			

此联持票人开户行随委托收款凭证寄付款人开户行作借方凭证附件。

图 2－10　商业承兑汇票

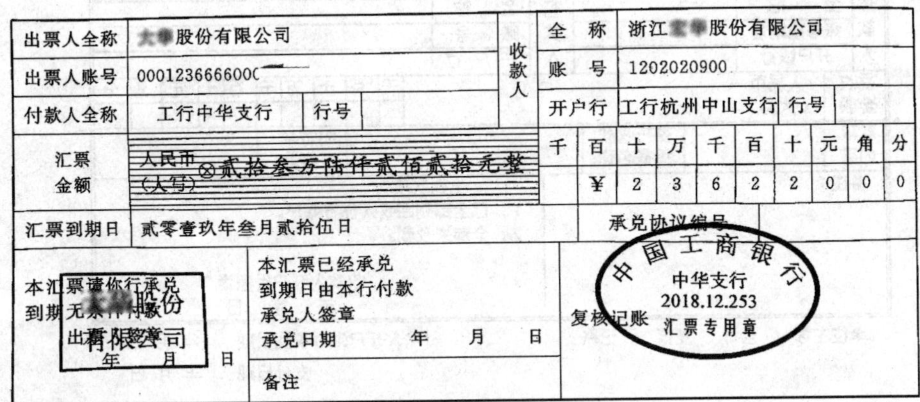

凭证 10－20　　银行承兑汇票　2　　10203350 0109800

出票日期（大写）贰零壹捌年贰拾贰月贰拾伍日

第1号

出票人全称	股份有限公司		收款人	全称	浙江股份有限公司									
出票人账号	000123666600			账号	1202020900									
付款人全称	工行中华支行	行号		开户行	工行杭州中山支行	行号								
汇票金额	人民币（大写）⊗贰拾叁万陆仟贰佰贰拾元整			千	百	十	万	千	百	十	元	角	分	
					¥	2	3	6	2	2	0	0	0	
汇票到期日	贰零壹玖年叁月贰拾伍日			承兑协议编号										
本汇票请你行承兑，到期无条件付款。出票人签章 年 月 日	本汇票已经承兑，到期日由本行付款。承兑人签章 承兑日期 年 月 日 备注			复核 记账										

中国工商银行 中华支行 2018.12.253 汇票专用章

图 2－11　银行承兑汇票

商业汇票使用规定如下。

（1）签发商业汇票必须以真实的交易关系或债权债务关系为基础。

（2）一律记名，允许背书转让。

（3）承兑期限由交易双方协商确定，但最长不得超过 6 个月（电子商业汇票可延长至 1 年）。

（4）持票人可以持未到期的商业汇票向银行申请贴现。

（5）已承兑的商业汇票丢失，可由失票人通知付款人挂失止付。

注意：商业汇票结算业务一般通过“应收票据”或“应付票据”账户进行核算。

课堂讨论

商业汇票与银行汇票有什么区别？商业承兑汇票与银行承兑汇票有什么不同？

五、委托收款

委托收款是指收款人委托银行向付款人收取款项的结算方式。

委托收款种类如下。

（1）邮寄划回：以邮寄方式由收款人开户银行向付款人开户银行转送委托收款凭证、提供收款依据的方式。

（2）电报划回：以电报方式由收款人开户银行向付款人开户银行转送委托收款凭证、提供收款依据的方式。

委托收款适用范围：在银行或其他金融机构开立账户的单位和个体经济户的商品交易；公用事业单位向用户收取水电费、邮电费、煤气费、公房租金等款项。

委托收款相关单据如图 2－12、图 2－13 所示。

委邮

委托收款凭证（收账通知）4　　委托号码：

委托日期　年　月　日　　付款期限　年　月　日

付款人	全　称		收款人	全　称	
	账号或地址			账　号	
	开户银行			开户行	
委收金额	人民币（大写）		千 百 十 万 千 百 十 元 角 分		
款项内容		委托收款凭据名称		附寄单证张数	
备注：			上列款项： 1．已全部划回收入你方账户。 2．全部未收到。 收款人开户行盖章 年　月　日		

单位主管　会计　复核　记账　　付款人开户银行收到日期　年　月　日

支付日期　年　月　日

图 2－12　委托收款凭证（邮寄划回）

电划

委托收款凭证（发电依据）　4

委托日期　年　月　日　　委托号码

付款期限　年　月　日

付款人	全　称		收款人	全　称			
	账　号 或地址			账　号 或地址			
	开户 银行			开　户 银　行		行号	
委收金额	人民币（大写）				千 百 十 万 千 百 十 元 角 分		
款项内容		委托收款凭证名称		附寄单证张数			
备注：							

复核　　记账

图 2－13　委托收款凭证（电报划回）

委托收款使用规定如下。

（1）委托收款结算不受金额起点限制。

（2）委托收款结算程序：第一步，收款人到银行办理收款委托；第二步，银行通知付款人付款；第三步，银行通知收款人收款。

（3）付款人拒绝付款的，应在付款期内填制“拒付理由书”，并加盖银行预留印鉴章。

（4）付款人无足够资金支付的，银行应通知付款人将相关单证退回，逾期不退回单证的，银行将自通知发出的第 3 天起，对付款人处以每天按委托收款金额 0.5‰但不低于 50 元的罚金，并暂停付款人委托银行向外办理结算业务，直到退回单证时为止。

注意：委托收款结算业务一般通过“银行存款”账户进行核算。

六、托收承付

托收承付是指根据购销合同由收款人发货后委托银行向异地购货单位收取货款，由付款人向银行承认付款的一种结算方式。

托收承付结算款项分为邮寄划回和电报划回两种，其托收凭证均为一式五联。

托收承付适用范围：异地结算。使用该方式的收付款单位必须是国有企业、供销合作社以及经营管理较好，并经开户银行审查同意的城乡集体所有制工业企业。

托收承付结算相关单据如图 2－14、图 2－15 所示。

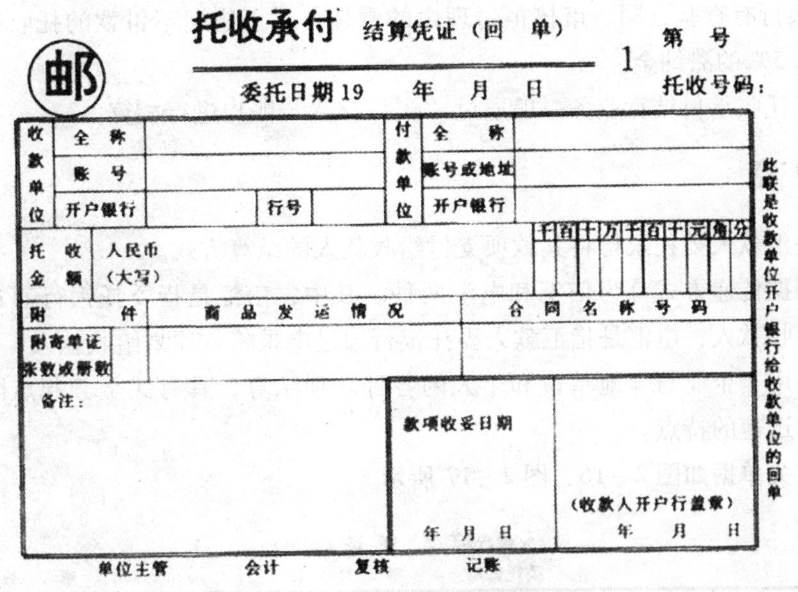

托收承付 结算凭证（回　单）　1　第　号

邮

委托日期19　年　月　日　托收号码：

收款单位	全　称			付款单位	全　称	
	账　号				账号或地址	
	开户银行		行号		开户银行	
托收金额	人民币（大写）					千 百 十 万 千 百 十 元 角 分
附　件		商品发运情况		合同名称号码		
附寄单证张数或册数						
备注：				款项收妥日期 年　月　日	（收款人开户行盖章） 年　月　日	

单位主管　会计　复核　记账

此联是收款单位开户银行给收款单位的回单

图 2－14　托收承付凭证（邮寄划回）

托收凭证（受理回单）　1　沪 00536578

委托日期　年　月　日

业务类型	委托收款（□邮划、□电划）　托收承付（□邮划、☑电划）						
付款人	全　称			收款人	全　称		
	账　号				账　号		
	地　址	省　市县	开户行		地　址	省　市县	开户行
金额	人民币（大写）					亿 千 百 十 万 千 百 十 元 角 分	
款项内容		托收凭据名称			附寄单证张数		
商品发运情况					合同名称号码		
备注： 复核：　记账：		款项收妥日期 年　月　日			年　月　日 收款人开户银行签章		

此联作收款人开户银行给收款人的受理回单

图 2－15　托收承付凭证（电报划回）

托收承付使用规定如下。

（1）收付款双方必须签有符合《中华人民共和国经济合同法》的购销合同，并在合同上注明使用托收承付结算方式。

（2）必须是商品交易以及因商品交易而产生的劳务供应款项。代销、寄销、赊销商品款项，不得办理托收承付结算。

（3）托收承付结算每笔金额起点为10 000元。新华书店系统每笔金额起点为1 000元。

（4）承付分为验单付款和验货付款两种。

（5）银行有查验合同、审核拒付理由的责任，对于逾期不付款的托收款项，银行每日加收0.5‰的滞纳金。

注意：托收承付结算业务一般通过“银行存款”账户进行核算。

七、汇兑

汇兑是汇款人委托银行将其款项支付给收款人的结算方式。

汇兑根据传递方式分为信汇和电汇两种。其中，信汇是指委托银行通过邮寄方式将款项划给收款人；电汇是指汇款人委托银行通过电报将款项划给收款人。

汇兑适用于企业与异地单位和个人的各种款项结算，具有无金额起点限制、手续简便、划款迅速的特点。

汇兑相关单据如图2－16、图2－17所示。

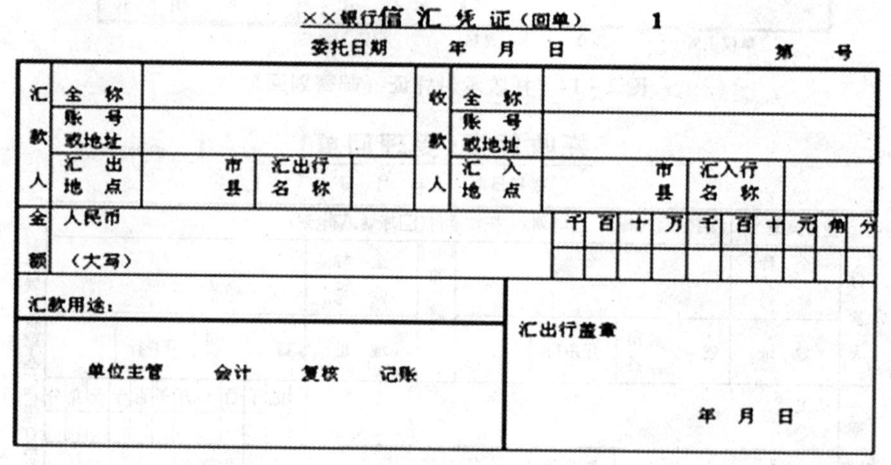

××银行信 汇 凭 证（回单）　　1

委托日期　　年　月　日　　　　第　　号

汇款人	全称				收款人	全称			
	账号或地址					账号或地址			
	汇出地点	市县	汇出行名称			汇入地点	市县	汇入行名称	
金额	人民币（大写）					千 百 十 万 千 百 十 元 角 分			
汇款用途：					汇出行盖章				
单位主管　会计　复核　记账					年　月　日				

图2－16　信汇凭证

汇兑使用规定如下。

采用汇兑结算方式，汇款单位汇出款项时，应填写银行印发的汇款凭证，列明收款单位名称、汇款金额及汇款用途等项目，送达开户银行，委托银行将款项汇往收汇银行。收汇银行将汇款收进收款单位存款户后，转送汇款凭证一联，通知收款单位收款。

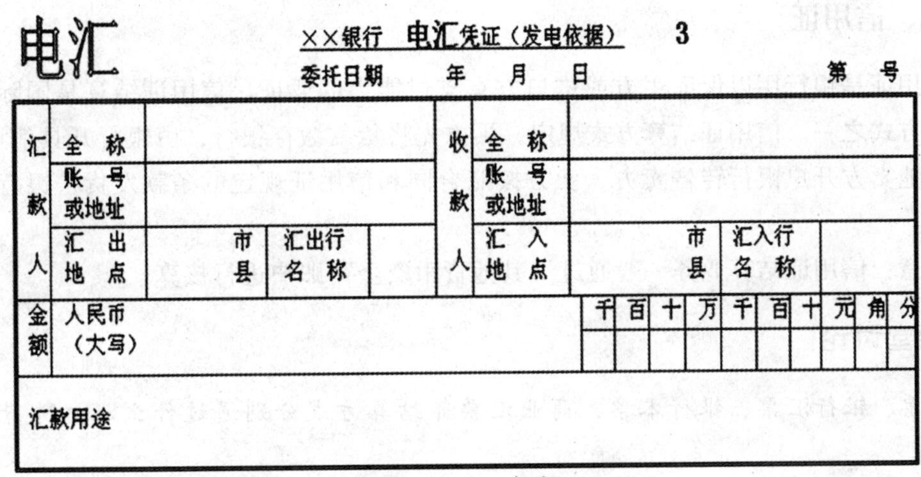

电汇

××银行　电汇凭证（发电依据）　3

委托日期　年　月　日　　第　号

汇款人				收款人			
全　称				全　称			
账　号或地址				账　号或地址			
汇　出地　点	市县	汇出行名　称		汇　入地　点	市县	汇入行名　称	

金额	千	百	十	万	千	百	十	元	角	分
人民币（大写）										

汇款用途

复核　　记账

图 2－17　电汇凭证

注意：汇兑结算业务一般通过“银行存款”账户进行核算。

八、信用卡

信用卡是指商业银行向个人和单位发行的、凭借其向特约单位购物、消费和向银行存取现金，且具有消费信用的特制载体卡片。

信用卡按使用对象分为单位卡和个人卡；按信用等级分为金卡和普通卡。

信用卡适用范围：同城和异地结算都可使用。持卡人可持信用卡在特约单位购物、消费。

信用卡使用规定如下。

（1）凡在中国境内金融机构开立基本存款账户的单位可申领单位卡，凡具有完全民事行为能力的公民可申领个人卡。

（2）单位卡账户的资金一律从其基本存款账户转账存入，不得交存现金，不得将销货收入的款项存入其账户。

（3）单位卡不得用于 10 万元以上的商品交易、劳务供应款项结算，不得支取现金。

（4）信用卡允许善意透支，其透支额，金卡最高不得超过 10 000 元，普通卡最高不得超过 5 000 元，透支期限最长为 60 天。

（5）销户时，单位卡账户的余额应转入单位的基本存款账户，不得提取现金，个人卡账户可以转账结清，也可以提取现金。

注意：信用卡结算业务一般通过“其他货币资金”账户进行核算。

九、信用证

信用证是银行用以保证买方或进口方有支付能力的凭证。信用证结算是国际结算的主要方式之一。信用证结算方式规定，买方先将货款缴存银行，由银行开具信用证，通知异地卖方开户银行转告卖方，卖方按照合同和信用证规定的条款发货，银行代买方付款。

注意：信用证结算业务一般通过“其他货币资金”账户进行核算。

课堂讨论

支票、银行汇票、银行本票、商业汇票等结算方式分别通过什么账户进行业务核算？

实践操作

利华公司2020年4月发生如下业务。

（1）4月19日，收到银行转来A公司汇来前欠货款5 000元。

（2）4月20日，将销货款11 300元（其中含增值税1 300元）填制进账单送存银行。

（3）4月22日，购进甲材料一批，价款8 000，增值税1 040元，用转账支票付讫。

要求：对公司上述业务进行账务处理并正确填制记账凭证。

任务三　其他货币资金

学习情境一　其他货币资金的内容

其他货币资金是指除库存现金和银行存款以外的各种货币资金。主要包括以下内容。

（1）外埠存款，指企业到外地进行临时或零星采购时，汇往采购地银行开立采购专户的款项。

（2）银行汇票存款，指企业为了取得银行汇票按照规定存入银行的款项。

（3）银行本票存款，指企业为了取得银行本票按照规定存入银行的款项。

（4）信用卡存款，指企业为了取得信用卡按照规定存入银行的款项。

（5）信用证保证金存款，指企业为了取得信用证按照规定存入银行的保证金。

(6) 存出投资款，指企业已存入证券公司但尚未购买股票、基金等投资对象的款项。

学习情境二　其他货币资金的核算

为了反映企业其他货币资金的增减变动和结存情况，企业应设置“其他货币资金”账户，进行总分类核算。同时按照其他货币资金的内容，在“其他货币资金”总账科目下分设明细科目，进行明细分类核算。

一、外埠存款的核算

企业为满足临时或零星采购需要，利用外埠存款进行采购结算，其账务处理步骤如下。

(1) 将款项汇往采购地银行专户：

借：其他货币资金——外埠存款

　贷：银行存款

(2) 会计部门收到采购人员交来的发票账单等报销凭证：

借：材料采购/原材料/库存商品

　　应交税费——应交增值税（进项税额）

　贷：其他货币资金——外埠存款

(3) 如有余款则转回：

借：银行存款

　贷：其他货币资金——外埠存款

如存款不足，则应做与余款转回相反的分录。

【例2-17】2020年5月通达公司发生如下经济业务。

(1) 5月6日，因零星采购需要，将款项50 000元委托当地银行汇往采购地开立采购专户，会计部门根据汇出款项的凭证，填制记账凭证。

	借方	贷方
借：其他货币资金——外埠存款	50 000	
贷：银行存款		50 000

(2) 5月13日，会计部门收到采购人员寄来的发票等报销凭证，发票上注明的材料款40 000元，增值税5 200元。

	借方	贷方
借：材料采购	40 000	
应交税费——应交增值税（进项税额）	5 200	
贷：其他货币资金——外埠存款		45 200

(3) 5月19日，外地采购结束，采购人员将剩余款项转回本地银行。

	借方	贷方
借：银行存款	4 800	

贷：其他货币资金——外埠存款　　4 800

二、银行汇票存款的核算

企业要使用银行汇票进行采购结算，应填写银行汇票申请书，并将相应款项存入银行，取得银行汇票后，其账务处理步骤如下。

（1）企业按规定将款项存入银行，取得银行汇票：

借：其他货币资金——银行汇票存款

贷：银行存款

（2）使用银行汇票进行材料采购结算：

借：材料采购/原材料/库存商品

应交税费——应交增值税（进项税额）

贷：其他货币资金——银行汇票存款

（3）采购结束时，银行汇票如有多余款项，则退回余款：

借：银行存款

贷：其他货币资金——银行汇票存款

【例2－18】通达公司2020年6月9日向银行提交银行汇票申请书后，将20 000元交存银行，取得银行汇票。6月15日公司用该汇票购买材料一批，价款为10 000元，增值税1 300元，余款转回。

根据银行盖章退回的委托书存根联，取得汇票时：

借：其他货币资金——银行汇票存款　　20 000

贷：银行存款　　20 000

根据购货发票及开户银行转来的银行汇票有关副联等凭证报销时：

借：材料采购　　10 000

应交税费——应交增值税（进项税额）　　1 300

贷：其他货币资金——银行汇票存款　　11 300

余款转回：

借：银行存款　　8 700

贷：其他货币资金——银行汇票存款　　8 700

三、银行本票存款的核算

企业要使用银行本票进行采购结算，应填写银行本票申请书，并将相应款项存入银行，取得银行本票后，其账务处理步骤如下。

（1）企业为取得银行本票按照规定将款项存入银行。

借：其他货币资金——银行本票存款

贷：银行存款

（2）使用银行本票进行材料采购结算及余款退回的账务处理与银行汇票的账务处理类似。

【例2－19】通达公司2020年6月18日在填送银行本票申请书，并将款项13 000元交存银行取得银行本票后，根据银行盖章退回的委托书存根联，做付款凭证。

借：其他货币资金——银行本票存款 13 000

贷：银行存款 13 000

6月25日公司使用银行本票购货，发票上注明材料价款10 000元，增值税1 300元，开户银行转来的银行本票第四联凭证作转账凭证：

借：材料采购 10 000

应交税费——应交增值税（进项税额） 1 300

贷：其他货币资金——银行本票存款 11 300

同时收到银行转来的多余款1 700元的收账通知，退回款项时：

借：银行存款 1 700

贷：其他货币资金——银行本票存款 1 700

四、信用卡存款的核算

企业使用信用卡进行账务处理的步骤与前述其他货币资金类似。

【例2－20】通达公司2020年6月10日因开展经济业务需要，向银行申请办理信用卡，金额为100 000元，收到进账单第一联和信用卡。6月19日该公司使用信用卡购买办公用品50 000元，增值税6 500元。6月29日因信用卡账户资金不足，开出转账支票一张以续存资金，金额为50 000元。

借：其他货币资金——信用卡存款 100 000

贷：银行存款 100 000

借：管理费用 50 000

应交税费—应交增值税（进项税额） 6 500

贷：其他货币资金——信用卡存款 56 500

借：其他货币资金——信用卡存款 50 000

贷：银行存款 50 000

五、信用证保证金存款的核算

企业使用信用证进行账务处理的步骤与前述其他货币资金类似。

【例2－21】通达公司2020年6月16日因从国外进口货物需要，向银行申请办理国际信用证，交纳保证金1 300 000元，收到进账单第一联和信用证。6月29日该公司收到银行转来的进口货物信用证通知书，根据海关出具的完税凭证，进口货物的成本1 200 000元，增值税156 000元，货物已验收入库。

借：其他货币资金——信用证保证金存款　　1 300 000

　贷：银行存款　　1 300 000

借：原材料　　1 200 000

　　应交税费——应交增值税（进项税额）　　156 000

　贷：其他货币资金——信用证保证金存款　　1 300 000

　　　银行存款　　56 000

六、存出投资款的核算

企业在证券市场进行股票、债券投资时，应向证券公司申请资金账号并划出资金，其账务处理步骤如下。

（1）向证券公司划出资金，存入投资专户：

借：其他货币资金——存出投资款

　贷：银行存款

（2）购买股票、债券：

借：交易性金融资产

　　投资收益

　贷：其他货币资金——存出投资款

【例2－22】通达公司2020年6月22日从基本存款账户转出100 000元到投资专户，当日在二级市场购买某上市股票80 000元作为交易性金融资产，发生交易费用1 300元。

资金存入投资专户：

借：其他货币资金——存出投资款　　100 000

　贷：银行存款　　100 000

购买股票时：

借：交易性金融资产　　80 000

　　投资收益　　1 300

　贷：其他货币资金——存出投资款　　81 300

课堂讨论

其他货币资金包括哪些内容？各项其他货币资金的相关业务应如何进行会计核算？

实践操作

货币资金账务处理总结

通达公司2020年6月22日向银行申请办理银行本票，并将30 000元交存银行，取得银行本票。通达公司利用该本票购入一批材料，价款为15 000元，增值税税率为13%，余款转回。请作出相关会计处理并正确填制记账凭证。

本项目小结

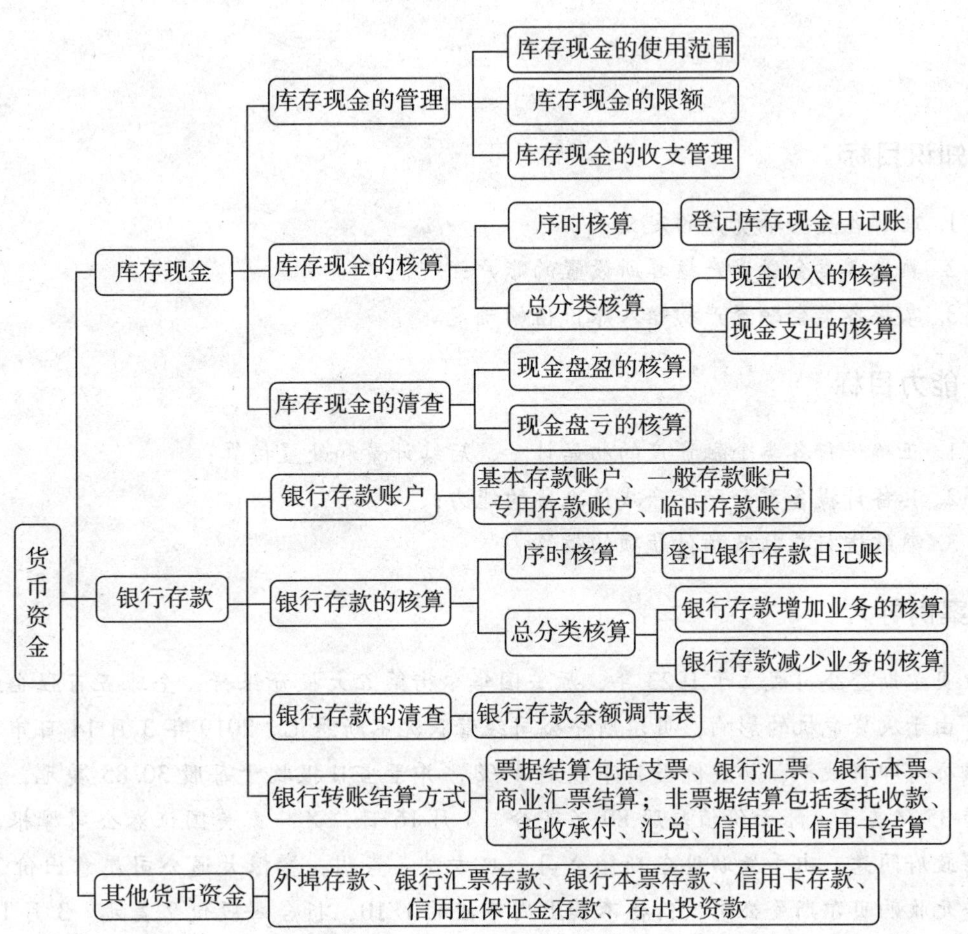

货币资金
库存现金
库存现金的管理
库存现金的使用范围
库存现金的限额
库存现金的收支管理
库存现金的核算
序时核算
登记库存现金日记账
总分类核算
现金收入的核算
现金支出的核算
库存现金的清查
现金盘盈的核算
现金盘亏的核算
银行存款
银行存款账户
基本存款账户、一般存款账户、专用存款账户、临时存款账户
银行存款的核算
序时核算
登记银行存款日记账
总分类核算
银行存款增加业务的核算
银行存款减少业务的核算
银行存款的清查
银行存款余额调节表
银行转账结算方式
票据结算包括支票、银行汇票、银行本票、商业汇票结算；非票据结算包括委托收款、托收承付、汇兑、信用证、信用卡结算
其他货币资金
外埠存款、银行汇票存款、银行本票存款、信用卡存款、信用证保证金存款、存出投资款

项目三　金融资产

知识目标

1. 理解各类金融资产的定义；
2. 熟悉各类金融资产核算所设置的账户；
3. 掌握各类金融资产初始入账价值的确定。

能力目标

1. 正确进行各类金融资产的初始计量、后续计量和处置核算；
2. 具备计提各类金融资产减值准备的能力；
3. 熟练进行应收及预付款项的核算。

案例导入

贝尔斯登公司成立于1923年，原美国华尔街第五大投资银行，全球五百强企业之一。由于次贷危机的影响，贝尔斯登公司经营状况不断恶化。2019年3月14日市场传言该公司即将破产，其股价当日下跌超47%，并于当日报收于每股30.85美元，公司市值35亿美元，账面价值每股80多美分。3月16日，另一家美国证券公司摩根大通获得政府同意，出手救助贝尔斯登公司。双方发表声明，摩根大通公司愿意出价2.36亿美元收购贝尔斯登公司，价格不及上周市值的1/10，折合每股仅2美元。3月18日贝尔斯登公司的股票在纽约证券交易所上演“高台跳水”，其收盘价从前一天的30美元下跌至4.81美元，单日跌幅达83.97%。当日市值蒸发约29.72亿美元。

问题思考：如果你所在的公司购买了上述股票，则该批股票应划分为哪类金融资产？其初始投资成本如何计算？当股价不断变动时，公司应如何进行会计处理？

任务一　交易性金融资产

学习情境一　金融资产及其分类

一、金融资产的内容

金融是现代经济的核心。金融资产是单位或个人所拥有的、以价值形态存在的资产。与实物资产相比较，金融资产是一种索取有形资产收益的权利，是一切可以在有组织的金融市场上进行交易、具有现实价格和未来估价的金融工具的总称。

从广义角度来看，金融资产是企业投资的重要组成部分，主要包括库存现金、银行存款、应收账款、应收票据、贷款、垫款、其他应收款（含应收利息、应收股利）、债权投资、股权投资、基金投资、衍生金融资产等。

从狭义的角度来看，金融资产通常分为交易性金融资产、债权投资、贷款和应收款项、其他金融工具投资 4 类。本项目主要是指狭义的金融资产。

二、金融资产的分类

金融资产在初始确认时可划分为以下 4 类。

（1）以公允价值计量且其变动计入当期损益的金融资产，包括交易性金融资产和指定为以公允价值计量且其变动计入当期损益的金融资产。其中，交易性金融资产是指企业为了近期出售、赚取差价而取得的、以公允价值计量且其变动计入当期损益的股票、债券、基金等。

（2）债权投资，指到期日固定、回收金额固定或可确定，且企业有明确意图和能力持有至到期的、以摊余成本计量的金融资产。

（3）贷款和应收款项，指企业日常生产经营过程中发生的各项应收及预付款项，包括应收账款、应收票据、其他应收款和预付账款等。

（4）其他金融工具投资，指企业所持有的除上述金融资产之外的其他金融资产，即以公允价值计量且其变动计入其他综合收益的金融资产。包括其他债权投资和其他权益工具投资。

企业最终把某项金融资产划分为哪一类金融资产，主要取决于企业管理层的风险管理和投资决策等因素，金融资产分类是管理层管理目的的真实体现。

课堂讨论

1. 金融资产通常分为哪几类？其分类依据是什么？如何理解各类金融资产？

2. 交易性金融资产、债权投资、贷款和应收款项、其他金融工具投资的主要特点和区别有哪些？

学习情境二　交易性金融资产的核算

对交易性金融资产的认知

一、交易性金融资产的初始计量

1. 账户设置

为了核算交易性金融资产的取得、收取现金股利或利息、处置等业务，企业应当设置“交易性金融资产”“公允价值变动损益”“应收股利”“应收利息”和“投资收益”等账户。

（1）“交易性金融资产”属于资产类账户，借方反映交易性金融资产的取得成本及持有期间公允价值的增加额，贷方反映交易性金融资产的处置价值及持有期间公允价值的减少额，期末余额在借方，反映交易性金融资产的期末公允价值。该账户应按交易性金融资产的类别和品种，分别设立“成本”“公允价值变动”等账户进行明细核算。

（2）“公允价值变动损益”属于损益类账户，借方反映交易性金融资产的公允价值低于其账面余额的金额以及处置交易性金融资产时原贷方公允价值变动的转出，贷方反映交易性金融资产的公允价值高于其账面余额的金额及处置交易性金融资产时原借方公允价值变动的转出，期末转入“本年利润”账户后无余额。

2. 交易性金融资产的取得

交易性金融资产应当按照取得时的公允价值作为初始入账金额，相关交易费用在发生时计入当期投资收益。交易费用是指可直接归属于购买、发行或处置金融工具新增的外部费用，包括支付给代理机构、咨询公司、券商等的手续费和佣金及其他必要支出。

企业购入股票、债券等实际支付的价款中包含的已宣告但尚未发放的现金股利或已到付息期但尚未领取的债券利息，应当单独确认为应收项目，不计入相关资产的初始入账金额。

借：交易性金融资产——成本　　（公允价值）
　　投资收益　　（交易费用）
　　应收股利/应收利息　　（价款中包含未发放的股利或利息）
　贷：银行存款　　（实际支付的价款）

【例3－1】 2020年1月10日，通达公司从A公司购入一批债券，作为交易性金融资产进行核算和管理，实际支付价款300 000元，另支付相关交易费用3 000元，均以银行存款支付。假定不考虑其他因素，通达公司的会计处理如下。

借：交易性金融资产——A 公司债券（成本）　　300 000
　　投资收益　　3 000
　贷：银行存款　　303 000

【例3-2】2020 年 1 月 8 日通达公司按每股 8.3 元的价格从二级市场购入 B 公司每股面值 1 元的股票 10 000 股，并分类为以公允价值计量且其变动计入当期损益的金融资产，交易费用 1 000 元。股票购买价格中包含每股 0.2 元已宣告但尚未发放的现金股利，该现金股利于 4 月 8 日发放。

(1) 2020 年 1 月 8 日购入 B 公司股票：

初始入账价值 =（8.3-0.2）×10 000 = 81 000（元）

应收现金股利 = 0.2×10 000 = 2 000（元）

借：交易性金融资产——B 公司股票（成本）　　81 000
　　应收股利　　2 000
　　投资收益　　1 000
　贷：银行存款　　84 000

(2) 2020 年 4 月 8 日领取现金股利：

借：银行存款　　2 000
　贷：应收股利　　2 000

课堂讨论

如何对交易性金融资产的取得业务进行会计处理？

实践操作

通达公司 2020 年 6 月 1 日购买 A 公司股票 1 000 股，每股价格 10 元，另支付交易费用 200 元；6 月 10 日又支付 13 000 元购入 B 公司股票 1 000 股，每股价格 12 元，其中包含已宣告但未发放的现金股利 1 000 元。两批股票均划分为交易性金融资产。请作出有关会计处理并正确填制记账凭证。

二、交易性金融资产持有收益的确认

企业在持有交易性金融资产期间所获得的现金股利或债券利息，应当在被投资单位宣告发放时确认为投资收益。

借：应收股利/应收利息
　贷：投资收益

收到现金股利或利息时：

借：银行存款
　贷：应收股利/应收利息

【例3-3】通达公司持有B公司股票10 000股，2020年3月20日B公司宣告2019年度利润分配方案，每股分派现金股利0.3元（满足股利收入确认的条件），并于2020年4月15日发放。

（1）2020年3月20日B公司宣告分派现金股利：

应收现金股利=10 000×0.3=3 000（元）

借：应收股利　　3 000

　贷：投资收益　　3 000

（2）2020年4月15日收到现金股利：

借：银行存款　　3 000

　贷：应收股利　　3 000

【例3-4】2020年12月31日，通达公司对持有的面值80 000元、期限5年、票面利率6%、每年6月30日付息的B公司债券计提利息。

应收债券利息=80 000×6%×6÷12=2 400（元）

借：应收利息　　2 400

　贷：投资收益　　2 400

课堂讨论

如何确认交易性金融资产的持有收益？

三、交易性金融资产的期末计量

资产负债表日，交易性金融资产应按公允价值计量，公允价值变动计入当期损益。

（1）交易性金融资产的公允价值高于其账面余额时：

借：交易性金融资产——公允价值变动

　贷：公允价值变动损益

（2）交易性金融资产的公允价值低于其账面余额时：

借：公允价值变动损益

　贷：交易性金融资产——公允价值变动

【例3-5】通达公司持有B公司股票20 000股，该股票成本为82 600元，2020年6月30日股票市价为每股4.8元；2020年12月31日股票市价为每股4.3元。

（1）2020年6月30日调高股票账面价值：

公允价值变动=20 000×4.8-82 600=96 000-82 600=13 400（元）

借：交易性金融资产——B公司股票（公允价值变动）　　13 400

　贷：公允价值变动损益　　13 400

（2）2020年12月31日调低股票账面价值：

公允价值变动 = 20 000 × 4.3 − 96 000 = −10 000（元）

借：公允价值变动损益　　10 000

　贷：交易性金融资产——B 公司股票（公允价值变动）　　10 000

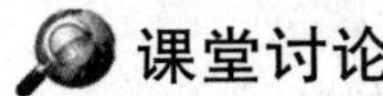

在资产负债表中，交易性金融资产的价值应如何反映？

四、交易性金融资产的处置

企业交易性金融资产处置的主要问题在于正确计算和确认处置损益。其计算公式如下：

交易性金融资产处置损益 = 处置交易性金融资产实际收到的价款 − 所处置交易性金融资产账面余额 − 已计入应收项目的现金股利或债券利息

（1）出售交易性金融资产时：

借：银行存款

　贷：交易性金融资产——成本

　　　　　　　　　——公允价值变动（贷记或借记）

　　应收股利/应收利息

　　投资收益（根据上述差额贷记或借记）

（2）按该项交易性金融资产的公允价值变动：

借：公允价值变动损益（借记或贷记）

　贷：投资收益（贷记或借记）

【例 3－6】 2020 年 2 月 2 日，A 公司将持有的 B 公司股票售出，实际收到的价款为 266 000 元。当日 B 公司股票账面价值 260 000 元，其中，成本 325 000 元，公允价值变动（贷方）65 000 元。

处置损益 = 266 000 − 260 000 = 6 000（元）

借：银行存款　　266 000

　　交易性金融资产——B 公司股票（公允价值变动）　　65 000

　贷：交易性金融资产——B 公司股票（成本）　　325 000

　　　投资收益　　6 000

借：投资收益　　65 000

　贷：公允价值变动损益　　65 000

【例 3－7】 A 公司持有 B 公司 30 000 股。2020 年 3 月 5 日 B 公司宣告 2019 年度利润分配方案，每股分派现金股利 0.1 元（满足股利收入的确认条件），并拟于 4 月 15 日发放；4 月 1 日 A 公司将持有的 B 公司股票全部售出，实际收到价款 298 000 元。出售当日，B 公司股票账面价值 297 000 元，其中，成本 252 000 元，公允价值变动（借方）45 000 元。

（1）2020 年 3 月 5 日 B 公司宣告分派现金股利：

应收现金股利 =30 000 ×0.1 =3 000（元）

借：应收股利　　3 000

　贷：投资收益　　3 000

（2）2020 年 4 月 1 日将持有的 B 公司股票全部售出：

处置损益 =298 000 −297 000 −3 000 = −2 000（元）

应收股利 =30 000 ×0.1 =3 000（元）

借：银行存款　　298 000

　　投资收益　　2 000

　贷：交易性金融资产——B 公司股票（成本）　　252 000

　　　　　　　　　　——B 公司股票（公允价值变动）　　45 000

　　应收股利　　3 000

借：公允价值变动损益　　45 000

　贷：投资收益　　45 000

实践操作（练习记账凭证的填制）

通达公司 2019 年 5 月 18 日以赚取差价为目的从二级市场购入 A 公司股票100 000股，买价 3.2 元/股，购买价款中包含已宣告但尚未发放的现金股利 0.2 元/股，另支付佣金、印花税、过户费等 1200 元。2020 年 4 月 20 日将其全部出售，获取价款 260 000 元，出售当日该批股票公允价值 290 000 元，其中，成本300 000元，公允价值变动（贷方）10 000 元。请写出所有相关会计分录并正确填制记账凭证。

交易性金融资产账务处理总结

任务二　债权投资

学习情境一　债权投资的初始计量

一、账户设置

为了反映债权投资增减变动及投资收益所得、期末减值等情况，企业应当设置“债权投资”“应收利息”“投资收益”等账户。

“债权投资”属于资产类账户，用来核算企业取得的、以摊余成本计量的金融资产，借方反映债权投资取得的成本和交易费用，贷方反映债权投资的处置价值，期末余额在借方，反映债权投资的账面余额。该账户应按债权投资的类别和品种，分别设置“成本”“利息调整”“应计利息”等账户进行明细核算。其中，“成本”反映债权投资的面值；“利息调整”反映债权投资的初始入账价值与面值的差额，以及按照实际利率法分期摊销后该差额的摊余金额；“应计利息”反映企业计提的到期一次还本付息债权投资应计未付的利息。

摊余成本：指以实际利率（此处指同期市场利率）作为计算实际利息的基础，投资成本减去实际利息后的金额。金融资产或金融负债的摊余成本，指该金融资产或金融负债的初始确认金额经过调整后的结果。

课堂讨论

如何理解债权投资所设置的各个明细账户？

对债权投资的认知

二、债权投资的取得

（1）债权投资应当按照取得时的公允价值与相关交易费用之和作为初始入账价值。如果支付的价款中包含已到付息期但尚未发放的利息，应单独确认为应收利息。

借：债权投资——成本　　　　（债权投资的面值）
　　应收利息　　　　　　　　（价款中包含未发放的利息）
　贷：银行存款　　　　　　　（实际支付的价款）
　　　债权投资——利息调整（按上述差额，借记或贷记）

（2）收到支付价款中包含已到期但尚未发放的债券利息。

借：银行存款
　贷：应收利息

【例3－8】2020年1月3日A公司购入B公司一年前发行的面值800 000元、期限5年、票面利率5%、每年12月31日付息、到期还本的债券，并将其分类为以摊余成本计量的金融资产，实际支付价款（含交易费用）818 500元，该价款中包含已到期但尚未发放的债券利息40 000元。

（1）购入债券时：

初始入账价值＝818 500－40 000＝778 500（元）

利息调整＝实际支付价款（不含已到期但尚未发放的债券利息）－债权投资面值
　　　　＝778 500－800 000＝－21 500（元）

借：债权投资——B公司债券（成本）　　800 000
　　应收利息　　　　　　　　　　　　　40 000
　贷：银行存款　　　　　　　　　　　　　818 500

债权投资——B 公司债券（利息调整）　　21 500

（2）收到债券利息时：

借：银行存款　　40 000

　贷：应收利息　　40 000

课堂讨论

如何对债权投资的取得业务进行账务处理？

学习情境二　债权投资利息收入的确认

一、确认利息收入的方法

债权投资持有期间利息收入的计算一般采用实际利率法。所谓实际利率法，就是以债权投资摊余成本和实际利率计算确认利息收入，再计算确定期末摊余成本的方法。即以债权投资期初摊余成本乘以实际利率作为当期利息收入，再以当期利息收入与应收利息的差额作为当期利息调整摊销额，然后以期初摊余成本加上或减去当期利息调整摊销额作为期末摊余成本。

以摊余成本计量的债权投资账面余额可表示如下：

债权投资的账面余额＝初始入账价值±利息调整的累计摊销额

＝面值±利息调整的摊销金额

二、账务处理

资产负债表日，债权投资确认利息收入的账务处理如下：

借：应收利息（分期付息）/债权投资——应计利息（到期一次还本付息）

　贷：投资收益

　　债权投资——利息调整（根据应收利息与投资收益的差额，贷记或借记）

【例3－9】通达公司2016年1月1日购入不准备在年内变现的A公司债券一批，划分为债权投资，债券票面利率8%，面值100 000元，期限5年，实际支付价款92 278元，无交易费用。该债券实际市场利率为10%，每年付息一次，到期归还本金并付最后一次利息。

（1）2016年1月1日购入A公司债券：

利息调整＝92 278－100 000＝－7 722（元）

借：债权投资——A 公司债券（成本）　　100 000

　贷：银行存款　　92 278

　　债权投资——A 公司债券（利息调整）　　7 722

（2）采用实际利率法编制债权投资利息计算表（见表3－1）：

表3－1　　债权投资利息计算表（实际利率法）　　单位：元

时间	应收利息： ①＝面值×票面利率	投资收益： ②＝上期④×实际利率	利息调整： ③＝②－①	债券摊余成本： ④＝上期④＋③
2016.1.1				92 278
2016.12.31	8 000	9 227.8	1 227.8	93 505.8
2017.12.31	8 000	9 350.58	1 350.58	94 856.38
2018.12.31	8 000	9 485.64	1 485.64	96 342.02
2019.12.31	8 000	9 634.2	1 634.2	97 976.22
2020.12.31	8 000	10 023.78	2 023.78	100 000
合计	40 000	47 722	7 722	—

（3）按期进行债权投资利息收入的账务处理：

①2016年12月31日确认并收到利息：

借：应收利息　　8 000
　　债权投资——A公司债券（利息调整）　　1 227.8
　贷：投资收益　　9 227.8
借：银行存款　　8 000
　贷：应收利息　　8 000

②2017年12月31日确认并收到利息：

借：应收利息　　8 000
　　债权投资——A公司债券（利息调整）　　1 350.58
　贷：投资收益　　9 350.58
借：银行存款　　8 000
　贷：应收利息　　8 000

③2018年12月31日确认并收到利息：

借：应收利息　　8 000
　　债权投资——A公司债券（利息调整）　　1 485.64
　贷：投资收益　　9 485.64
借：银行存款　　8 000
　贷：应收利息　　8 000

④2019年12月31日确认并收到利息：

借：应收利息　　8 000
　　债权投资——A公司债券（利息调整）　　1 634.2

贷：投资收益　　　　　　　　　　　　　　　　　　　　　　　　9 634.2
借：银行存款　　　　　　　　　　　　　　　　　　　　　　8 000
贷：应收利息　　　　　　　　　　　　　　　　　　　　　　　　8 000

⑤ 2020 年 12 月 31 日债权投资到期：

借：应收利息　　　　　　　　　　　　　　　　　　　　　　8 000
债权投资——A 公司债券（利息调整）　　　　　　　　　　　2 023.78
贷：投资收益　　　　　　　　　　　　　　　　　　　　　　　　10 023.78
借：银行存款　　　　　　　　　　　　　　　　　　　　　108 000
贷：应收利息　　　　　　　　　　　　　　　　　　　　　　　　8 000
债权投资——A 公司债券（成本）　　　　　　　　　　　　　　100 000

课堂讨论

债权投资的利息收益该如何确认？

实践操作

通达公司 2018 年 1 月 1 日以价款 80 000 元购入利华公司当日发行的 3 年期面值 80 000元、年利率 10%、每年末付息、到期一次还本的公司债券，另支付经纪人佣金等附加费用 4 136 元。若该债券投资的实际利率为 7.99%。要求对通达公司上述经济业务进行会计处理（请采用实际利率法计算利息收入），并正确填制所有记账凭证。

学习情境三　债权投资的处置

企业对以摊余成本计量的债权投资进行处置时，应将实际收到的价款与该债权投资账面价值之间的差额计入投资收益。其中，债权投资账面价值即摊余成本。如果处置债权投资时还有应收利息尚未领取，则应从价款中扣除。

借：银行存款　　　　　　　　　　　　　　（实际收到的价款）
贷：债权投资——成本　　　　　　　　　　（债权投资的面值）
——利息调整　　　　　　　　　　　　　　（根据利息调整摊销金额，贷记或借记）
应收利息/债权投资——应计利息　　　　　（应计未收的利息）
投资收益　　　　　　　　　　　　　　　　（按上列差额，贷记或借记）

【例 3－10】通达公司 2017 年 1 月 1 日购入面值 500 000 元、期限 6 年、票面利率 6%、每年 12 月 31 日付息的 B 公司债券并分类为以摊余成本计量的金融资产。2020 年 3 月 1 日，通达公司将 B 公司债券全部售出，实际收到价款 525 000 元。出售日，B 公司债券的账面余额为 510 000 元，其中，成本 500 000 元，利息调整（借方）10 000元。

借：银行存款　　525 000
　贷：债权投资——B公司债券（成本）　　500 000
　　　　　　——B公司债券（利息调整）　　10 000
　　投资收益　　15 000

【例3-11】通达公司2018年1月1日购入面值300 000元、期限5年（发行日为2017年7月1日）、票面利率5%、每年6月30日付息的C公司债券并将其分类为以摊余成本计量的金融资产。2020年1月20日，通达公司将C公司债券全部售出，实际收到价款306 000元。出售日，C公司债券的账面余额为298 000元，其中，成本300 000元，利息调整（贷方）2 000元。2019年12月31日，通达公司计提C公司债券利息9 000元。

借：银行存款　　306 000
　　债权投资——C公司债券（利息调整）　　2 000
　　投资收益　　1 000
　贷：债权投资——C公司债券（成本）　　300 000
　　应收利息　　9 000

课堂讨论

如何进行债权投资处置的核算？

债权投资账务处理总结

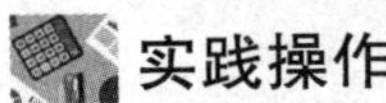

实践操作

通达公司2019年1月1日购入面值90 000元、期限3年（发行日为2018年1月1日）、票面利率6%、每年6月30日付息的利华公司债券并将其分类为以摊余成本计量的金融资产。2020年2月19日，通达公司将利华公司债券全部售出，实际收到价款97 000元。出售日，该债券账面余额为92 000元，其中，成本90 000元，利息调整（借方）2 000元。2019年12月31日，通达公司计提利华公司债券利息3 000元。请对通达公司上述业务作出相关会计处理并正确填制记账凭证。

任务三　应收及预付款项

应收账款

学习情境一　应收账款

一、应收账款概述

应收账款是指企业因销售商品、提供劳务等经营活动而应向购货单位或接受劳务单位收取的款项。主要包括企业因赊销而产生的应收未收价款及代垫运杂费。

应收账款应于收入实现时确认。企业应收账款的产生和收回过程一般存在商业折扣和现金折扣两种现象。

1. 商业折扣

商业折扣是指企业为促销而在商品标价上给予的扣除。通常用百分数表示，如5%（九五折）、10%（九折）、15%（八五折）等，扣减后的净额才是实际销售价格，即发票价格。

在存在商业折扣的情况下，企业应收账款入账金额应按扣除商业折扣后的实际成交价格确认。

【例3－12】 某商品单价300元，成批购买20台以上，可得到20%的商业折扣，则：

价目单销售价格（300×20）	6 000元
减：商业折扣（6 000×20%）	1 200元
发票价格	4 800元

【例3－13】 售价2 000元的电视机，批量为100台时，可享受95折优惠；批量为101～500台时，可享受9折优惠；批量超过500台时，可享受8折优惠。当一次购买300台时，实际支付的价款为多少？

300×2 000×90%＝540 000（元）

2. 现金折扣

现金折扣是指企业为了鼓励客户在一定期限内及早付款而给予对方的一种折扣优惠。一般在合同中以“折扣/付款期限”表示。如3/10、2/20、*n*/30，表示在10天内付款按售价给予3%的折扣，在11～20天付款给予2%的折扣，在21～30天付款没有折扣，需全额付款。

【例3－14】 某购货企业于2020年1月15日销售商品一批，应收账款为11万元，规定对方付款条件为2/10、1/20、*n*/30，购货单位已于1月22日付款，该企业实际收到的金额为多少？

实际经历的天数为7天，所以给对方2%的折扣。

即110 000×98%＝107 800（元）

【例3－15】 甲企业于2020年4月1日销售一批商品给乙企业，应收账款100 000元（假定不考虑增值税），规定的付款条件为2/10、1/20、*n*/30。乙企业于4月18日付款，乙企业实际享受的现金折扣为多少？

实际经历的天数为17天，所以给对方1%的折扣。

即100 000×1%＝1 000（元）

【例3－16】 某企业销售商品一批，价目表标明售价为20 000元，商业折扣为10%，现金折扣为5/10、3/20、*n*/30。客户于第15天付款。增值税税率为13%。“应收账款”的入账金额为多少？

20 000 ×（1 + 13%）×（1 - 10%）= 20 340（元）

在存在现金折扣的情况下，应收账款入账金额的确认有总价法和净价法两种。我国现行《企业会计准则》规定应收账款采用**总价法**入账。

总价法：将未减去现金折扣前的金额作为实际售价，作为“应收账款”的入账价值，而现金折扣只有客户在折扣期内支付货款时，才予以确认。这种方法将让给客户的现金折扣视为融资的理财费用，会计上作为“财务费用”处理。

【例3－17】 甲公司向乙公司销售商品一批，该批商品按价目表上的售价为50 000元。为了促销，甲公司给乙公司10%的商业折扣，同时，还规定了2/10、1/20、*n*/30的付款条件。现金折扣规定不考虑增值税，甲公司该项应收账款的入账价值为多少？

应收账款的入账价值 = 50 000 ×（1 - 10%）= 45 000（元）

课堂讨论

现金折扣与商业折扣有何区别？对销售收入的计算有何影响？

现金折扣与商业折扣的区别

二、应收账款的核算

为了核算应收账款的增减变动及其结存，企业应设置“应收账款”账户。该账户为资产类账户，借方反映应收账款的增加金额，贷方反映应收账款的减少金额（即已收回或已结转坏账损失、转作商业汇票的数额），余额一般在借方，表示期末企业尚未收回的款项。该账户通常应按客户名称进行明细核算。

1. 没有商业折扣时，应收账款按应收的全部金额入账

【例3－18】 A公司赊销给B公司商品一批，货款50 000元，增值税税率为13%，代垫运杂费1 000元（假定不计税）。

	借方	贷方
借：应收账款——B公司	57 500	
贷：主营业务收入		50 000
应交税费——应交增值税（销项税额）		6 500
银行存款		1 000

收到款项时：

	借方	贷方
借：银行存款	57 500	
贷：应收账款——B公司		57 500

2. 存在商业折扣时，应收账款以销售收入扣除商业折扣后的金额入账

【例3－19】 A公司赊销给B公司商品一批，货款10 000元，增值税税率为13%，代垫运杂费500元（假定不计税）。若A公司给B公司的商业折扣为10%。

	借方	贷方
借：应收账款——B公司	10 670	
贷：主营业务收入（10 000 - 10 000 × 10%）		9 000

应交税费——应交增值税（销项税额）　　1 170

银行存款　　500

收到款项时：

借：银行存款　　10 670

贷：应收账款——B 公司　　10 670

3. 存在现金折扣时，采用总价法核算

【例3－20】A 公司赊销给 B 公司商品一批，货款 100 000 元，增值税税率为 13%。A 公司给 B 公司的现金折扣条件：2/10、*n*/30。假定折扣不计税。

销售业务发生时：

借：应收账款——B 公司　　113 000

贷：主营业务收入　　100 000

应交税费——应交增值税（销项税额）　　13 000

若买方 10 天内付款，现金折扣 = 100 000 × 2% = 2 000（元），可用于冲减销售收入：

借：银行存款　　111 000

主营业务收入　　2 000

贷：应收账款——B 公司　　113 000

若买方超过 10 天付款，则无现金折扣：

借：银行存款　　113 000

贷：应收账款——B 公司　　113 000

课堂讨论

有无商业折扣对企业销售收入的核算有什么影响？有无现金折扣对企业销售收入的核算又有什么影响？

实践操作

2020 年 3 月 2 日通达公司向 B 公司赊销甲商品 100 件，每件标价 200 元，并给予九折的优惠，增值税税率为 13%，商品已交付 B 公司。另外代垫 B 公司运杂费 2 000 元。同时，通达公司还给出现金折扣条件：2/10，1/20，*n*/30。要求：对通达公司上述业务进行账务处理并正确填制记账凭证（假定现金折扣不考虑增值税因素）。

学习情境二　应收票据

对应收票据的认知

一、应收票据概述

应收票据是企业持有的未到期或未兑现的商业汇票。应收票据按承兑人不同分为商业承兑汇票和银行承兑汇票；按是否计息分为不带息商业汇票和带息商业汇票，其中，不带息商业汇票的票据到期值等于票据面值，而带息商业汇票的票据到期值等于票据面值与票据利息之和。票据利息的计算公式如下：

票据利息＝面值×利率×票据期限

应收票据的期限有按月表示和按日表示两种。按月表示的，以到期月份的对日为票据的到期日；按日表示的，“算头不算尾，算尾不算头”。

持票人可以持未到期的商业汇票向银行申请贴现。所谓应收票据贴现是指持票人因急需资金，将未到期的商业汇票背书转让给银行，银行受理并按贴现率计算扣除贴现息后，将余额付给持票人的业务活动。

二、应收票据的核算

在我国，应收票据一般按票据面值计价入账，企业应设置“应收票据”账户进行核算。该账户为资产类账户，借方登记企业收到的商业汇票金额，贷方反映商业汇票金额的减少，期末余额在借方，表示企业所持有的未到期商业汇票余额，该账户按票据种类或客户名称进行明细核算。期末计提的利息不计入应收票据的账面价值，而是当作“应收利息”处理。

为了便于对应收票据管理和分析，企业对于收到的应收票据应设置应收票据登记簿，逐笔登记每一应收票据的种类、号数、出票日期、票面金额、票面利率、交易合同号和付款人、承兑人、背书人的姓名或单位名称、到期日、背书转让日、贴现日、贴现率、贴现金额、收款日期、收回金额及退票情况等资料。应收票据到期清算票款或退票后，应在应收票据登记簿中注销。

1. 不带息应收票据的账务处理（与应收账款类似）

销售时：

借：应收票据

　贷：主营业务收入

　　应交税费——应交增值税（销项税额）

到期时，按收到的金额：

借：银行存款

　贷：应收票据

到期未收回：

借：应收账款

　贷：应收票据

2. 带息应收票据的账务处理

销售时：

借：应收票据

贷：主营业务收入

应交税费——应交增值税（销项税额）

在资产负债表日确认利息收入：

借：应收利息

贷：财务费用

到期收回：

借：银行存款

贷：应收票据

应收利息

财务费用（计提的利息）

到期未收回：

借：应收账款

贷：应收票据

【例3-21】A公司2019年11月1日向B公司销售商品一批，价款60 000元，增值税税率为13%。当日收到B公司签发的带息商业承兑汇票一张，期限6个月，票面利率5%。2020年4月30日A公司持有的商业承兑汇票到期，款项收回。若商业承兑汇票到期后，B公司无力偿还相应款项。则相关账务处理如下。

（1）2019年11月1日因销售收到商业承兑汇票：

借：应收票据	67 800	
贷：主营业务收入		60 000
应交税费——应交增值税（销项税额）		7 800

（2）2019年12月31日对带息商业承兑汇票计息处理：

已实现利息收入 = 67 800 × 5% × 2 ÷ 12 = 565（元）

借：应收利息	565	
贷：财务费用——利息收入		565

（3）2020年4月30日到期承兑商业汇票：

借：银行存款	69 495	
贷：应收票据		67 800
应收利息		565
财务费用——利息收入（67 800 × 5% × 4 ÷ 12）		1 130

（4）若到期后B公司无力偿还相应款项：

借：应收账款——B公司	69 495	
贷：应收票据		67 800
应收利息		565
财务费用——利息收入		1 130

课堂讨论

如何理解贴现

如何对带息票据相关业务进行账务处理？

3. 应收票据的转让与贴现

（1）应收票据的转让。

根据我国《银行支付结算办法》的规定，企业可以将持有的应收票据背书转让，用于购买所需的商品物资。背书是指在票据的背面或者粘单上记载有关事项并签章的票据行为。签字人成为背书人。背书人对背书转让的票据承担责任。对于被拒绝承兑、拒绝付款和超过付款期限的票据，不得背书转让。

企业将持有的商业汇票转让以取得所需物资时，账务处理如下。

借：在途物资/原材料等

　　应交税费——应交增值税（进项税额）

　贷：应收票据

　　　银行存款（按上述差额贷记或借记）

【例3－22】2020年8月1日A公司将持有的一张由B公司签发的、面值为87 500元的不带息银行承兑汇票背书转让，并取得所需甲材料，材料已验收入库。甲材料价款为100 000元，增值税税率为13%。

借：原材料——甲材料	100 000	
应交税费——应交增值税（进项税额）	13 000	
贷：应收票据		87 500
银行存款		25 500

（2）应收票据的贴现。

商业汇票贴现的计算步骤如下：

①票据到期值＝票据面值＋票据利息＝票据面值×（1＋票面利率×票据期限）

②贴现息＝票据到期值×贴现率×贴现期

③实际收到金额＝票据到期值－贴现息

企业将持有的商业汇票贴现后，账务处理如下：

借：银行存款

　贷：应收票据

　　　财务费用（差额，贷记表示利息收入或借记表示利息支出）

【例3－23】2020年3月1日A公司收到B公司签发的银行承兑汇票一张，面值11 300元，期限6个月，票面利率5%。7月1日A公司持未到期的商业汇票到银行申请贴现，贴现率7.2%。

票据到期值＝11 300×（1＋5%×6÷12）＝11 582.5（元）

贴现息＝11 582.5×7.2%×2÷12＝138.99（元）

实际收到金额 = 11 582.5 − 138.99 = 11 443.51（元）

借：银行存款　　11 443.51

　贷：应收票据　　11 300

　　财务费用——利息收入　　143.51

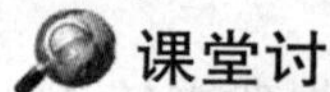

课堂讨论

应收票据和应收账款的区别

应收票据贴现如何计算和进行账务处理？

实践操作

2020 年 3 月 4 日，通达公司销售给 C 公司商品一批，增值税发票注明价款为 20 000元，增值税税率为 13%，C 公司以一张期限为 60 天、面值为 23 400 元的无息商业承兑汇票支付。该批商品成本为 16 000 元。要求：对通达公司上述业务进行账务处理并正确填制记账凭证。

学习情境三　预付账款与其他应收款

一、预付账款

预付账款是指企业按照购货合同规定预先支付给供货单位的货款。预付账款是企业的一项流动资产，是企业暂时支付的、预期以商品资产形式收回的资金。

为了核算预付账款的增减变动及其结存情况，企业应当设置“预付账款”账户，借方登记企业预付的货款和补付的货款，贷方登记企业实际采购金额或劳务成本，期末余额一般在借方，反映企业实际预付的款项。该账户应按供应单位名称进行明细核算。

（1）企业根据购销合同规定，向供货方预付款项时：

借：预付账款

　贷：银行存款

（2）企业收到所购货物时，根据有关发票账单金额：

借：材料采购/原材料/库存商品

　　应交税费——应交增值税（进项税额）

　贷：预付账款

（3）当预付货款大于采购货物应支付金额时，按收回的多余款项：

借：银行存款

　贷：预付账款

（4）当预付货款小于采购货物应支付金额时，按补付金额：

借：预付账款

　贷：银行存款

预付货款业务不多的企业，可以将企业预付的款项并入“应付账款”账户核算。企业预付款项时，记入“应付账款”账户的借方；冲销预付货款时，记入“应付账款”账户的贷方。

【例3－24】 通达公司根据购销合同规定，2020年9月10日预付给甲企业购货款5 000元。9月25日，收到甲企业提供的商品和开来的发票，发票上注明价款为5 000元，增值税650元。10月23日，通达公司将余款支付给甲企业。通达公司应如何进行账务处理？

（1）2020年9月10日给甲企业预付购货款：

借：预付账款——甲企业　　5 000

　贷：银行存款　　5 000

（2）2020年9月25日收到所购商品和发票：

借：库存商品　　5 000

　　应交税费——应交增值税（进项税额）　　650

　贷：预付账款——甲企业　　5 650

（3）2020年10月23日补付购货款：

借：预付账款——甲企业　　650

　贷：银行存款　　650

课堂讨论

企业如何利用预付账款进行业务核算？

实践操作

2020年3月11日，通达公司从B公司购买甲材料一批，价款20 000元，按合同规定先预付40%购货款，其余货款验货后支付。3月21日，收到从B公司购买的甲材料并验收入库，余款以银行存款支付。增值税专用发票注明价款20 000元，增值税2 600元。

要求：针对通达公司上述业务编制相关会计分录并正确填制记账凭证。

二、其他应收款

其他应收款是指企业除应收账款、应收票据、预付账款以外的其他各种应收及预付款项。主要包括如下6类：①应收的各种赔款、罚款；②应收的出租包装物租金；③应向职工收取的各种垫付款项，如水电费、医药费、房租等；④存出保证金，如租入包装物支付的押金；⑤备用金；⑥其他各种应收、暂付款项。

为了核算其他应收款的增减变动及其结存情况，企业应当设置“其他应收款”账户，借方登记企业其他应收款的增加，贷方登记其他应收款的收回，期末余额在借方，反映企业尚未收回的各项其他应收款。该账户可按其他应收款的内容和项目进行明细核算。

（1）企业发生各种应收、暂付款项时：

借：其他应收款

　贷：库存现金/银行存款

（2）收回其他应收款时：

借：库存现金/银行存款

　贷：其他应收款

【例3-25】 2020年9月26日通达公司在采购过程中发生材料毁损，按保险合同规定，应由保险公司赔偿损失30 000元，赔款尚未收到。

借：其他应收款——保险公司　　30 000

　贷：材料采购　　30 000

2020年10月30日如数收到保险公司赔款：

借：银行存款　　30 000

　贷：其他应收款——保险公司　　30 000

【例3-26】 2020年9月28日通达公司以银行存款替副总经理李某垫付个人医疗费5 000元，拟从其工资中扣回。

（1）垫支时：

借：其他应收款——李某　　5 000

　贷：银行存款　　5 000

（2）扣款时：

借：应付职工薪酬——医疗费　　5 000

　贷：其他应收款——李某　　5 000

【例3-27】 2020年6月9日通达公司租入包装物一批，向出租方支付押金10 000元。

借：其他应收款——存出保证金　　10 000

　贷：银行存款　　10 000

2020年10月9日包装物按期如数退回，通达公司将出租方退还的押金10 000元存入银行。

借：银行存款　　10 000

　贷：其他应收款——存出保证金　　10 000

课堂讨论

其他应收款主要包括哪些内容？如何进行业务核算？

学习情境四　应收款项减值

计提坏账准备的方法

一、坏账及坏账损失的估计

坏账是指企业因债务人拒付、破产、死亡等原因而可能无法收回的应收款项。由于发生坏账而造成的损失，成为坏账损失。目前企业坏账核算采用备抵法。所谓备抵法是企业按照会计谨慎性要求，在应收款项尚未实际确认为坏账之前，就应该考虑到坏账的可能性，以便建立坏账准备。

在备抵法下，企业通过估计坏账损失来计提坏账准备，其常用方法有如下两种。

1. 应收款项余额百分比法

应收款项余额百分比法是一种根据应收款项的期末余额和预期坏账损失率计算得出估计坏账损失，并据以计提坏账准备的方法。如某企业年末各项应收账款余额合计为300 000元，坏账损失率为2%，则年末估计的坏账损失＝300 000×2%＝6 000（元）。

2. 账龄分析法

账龄分析法是基于应收款项拖欠时间越长、款项收回可能性越小的道理，根据历史经验或同行业水平，通过对不同账龄的应收款项进行分析，以确定不同的坏账损失率，进而估计坏账准备金额。

二、坏账的核算

1. 账户设置

为了核算应收款项发生减值及减值转回的情况，企业应设置“坏账准备”“信用减值损失”账户。“坏账准备”账户是一个备抵账户，贷方登记应收款项发生的减值或坏账收回，借方登记应收款项减值转回或确实无法收回而发生的坏账，期末余额一般在贷方，反映已计提但尚未转销的坏账准备。“信用减值损失”属于损益类账户，主要是基于应收款项减值设置的，借方登记损失增加，贷方登记损失减少，期末无余额。

2. 账务处理

（1）计提坏账准备：

借：信用减值损失

　贷：坏账准备

（2）坏账准备转回：

借：坏账准备

贷：信用减值损失

（3）实际确认坏账：

借：坏账准备

贷：应收账款

（4）已确认的坏账重新收回：

借：银行存款/应收账款

贷：坏账准备

【例3－28】 通达公司按照应收款项余额百分比法计提坏账准备。2020年年末各项应收款项余额合计300 000元，根据往年经验，估计坏账损失率为3%。

（1）若该公司"坏账准备"账户期初余额为零，则：

本年计提的坏账准备＝300 000×3%＝9 000（元）

借：信用减值损失　　9 000

贷：坏账准备　　9 000

（2）若该公司"坏账准备"账户期初余额为6 000元，则：

本年计提的坏账准备＝300 000×3%－6 000＝3 000（元）

借：信用减值损失　　3 000

贷：坏账准备　　3 000

（3）若该公司"坏账准备"账户期初余额为10 000元，则：

本年计提的坏账准备＝300 000×3%－10 000＝－1 000（元）

借：坏账准备　　1 000

贷：信用减值损失　　1 000

（4）若该公司确认应收款项300 000元已无法收回，则：

借：坏账准备　　300 000

贷：应收账款　　300 000

（5）若（4）中的款项可以全部收回：

借：应收账款　　300 000

贷：坏账准备　　300 000

课堂讨论

如何应对企业可能出现的坏账损失？

实践操作

通达公司采用应收款项余额百分比法计提坏账准备。根据以往经验，估计坏账损失率为2.5%。2019年年初"坏账准备"账户余额为8 000元，年末各项应收账款余额为200 000元。2020年3月31日确认甲客户的账款已无法收回，予以转销。2020年年末已转销的甲客户账款又全部收回。要求：对通达公司上述业务作出相关账务处理并正确填制记账凭证。

任务四　其他金融工具投资

其他金融工具投资是指企业所持有的除上述金融资产之外的其他金融资产，包括其他债权投资和其他权益工具投资。

债权投资与其他债权投资的区别

学习情境一　其他债权投资

一、其他债权投资的初始计量

为了核算所持有的以公允价值计量且其变动计入其他综合收益的债权投资，企业应设置“其他债权投资”账户，并按其他债权投资的类别和品种，分别通过“成本”“利息调整”“应计利息”“公允价值变动”等账户进行明细核算。其中，“成本”反映其他债权投资的面值，“利息调整”反映其他债权投资初始入账价值与其面值的差额，以及按照实际利率法分期摊销后该差额的摊余金额；“应计利息”反映企业计提的到期一次还本付息的其他债权投资应付未付利息；“公允价值变动”反映其他债权投资的公允价值变动金额。相关账务处理如下。

（1）取得其他债权投资时：

借：其他债权投资——成本　　　　（面值）

　　应收利息　　　　　　　　　　（价款中包含已到期但尚未领取利息）

　贷：银行存款　　　　　　　　　（实际支付的价款）

　　其他债权投资——利息调整（按上述差额，借记或贷记）

（2）收到支付价款中包含已到期但尚未领取的利息：

借：银行存款

　贷：应收利息

【例3－29】A公司2020年1月1日购入B公司当日发行的面值为580 000元、期限3年、票面利率8%、每年12月31日付息、到期还本的债券并将其分类为以公允价值计量且其变动计入其他综合收益的金融资产，实际支付价款618 000元（其中包含已到期但尚未发放的利息10 000元，交易费用8 000元）。2020年4月3日A公司收到上述利息。

（1）2020年1月1日购入B公司债券：

借：其他债权投资——B 公司债券（成本）　　580 000
　　　　　　　——B 公司债券（利息调整）　　28 000
　　应收利息　　10 000
　贷：银行存款　　618 000

（2）2020 年 4 月 3 日收取利息：

借：银行存款　　10 000
　贷：应收利息　　10 000

课堂讨论

其他债权投资主要设置哪些明细账户？这些明细账户各代表什么含义？

二、其他债权投资利息收入的确认

其他债权投资持有期间确认利息收入的方法与按摊余成本计量的债权投资相同，即采用实际利率法确认当期利息收入，计入投资收益。两者不同的是，其他债权投资在进行利息收入计算时，与实际利率相乘的其他债权投资账面余额是不包含“公允价值变动”明细账户余额的。其账务处理如下。

借：应收利息（分期付息到期还本）/其他债权投资——应计利息（到期还本付息）
　贷：投资收益
　　其他债权投资——利息调整（按上述差额，贷记或借记）

收到上述利息时：

借：银行存款
　贷：应收利息/其他债权投资——应计利息

【例 3－30】 A 公司 2018 年 1 月 1 日购入 B 公司当日发行的面值为 600 000 元、期限 3 年、票面利率 8%、每年 12 月 31 日付息、到期还本的债券并分类为以公允价值计量且其变动计入其他综合收益的金融资产，初始入账价值为 620 000 元，实际利率为 6.74%。A 公司在持有期间采用实际利率法确认利息收入并确定账面余额（不包含“公允价值变动”明细账户余额）。

1. 编制利息收入计算表（见表 3－2）。

表 3－2　利息收入计算表（实际利率法）　　单位：元

日期	应收利息	实际利率（%）	投资收益	利息调整	账面余额
2018. 01. 01					620 000
2018. 12. 31	48 000	6. 74	41 788	6 212	613 788
2019. 12. 31	48 000	6. 74	41 369	6 631	607 157
2020. 12. 31	48 000	6. 74	40 843	7 157	600 000
合计	144 000	—	124 000	20 000	—

2. 按年确认利息收入并摊销利息调整，进行账务处理

（1）2018 年 12 月 31 日账务处理如下：

借：应收利息　　48 000

　贷：投资收益　　41 788

　　　其他债权投资——B 公司债券（利息调整）　　6 212

借：银行存款　　48 000

　贷：应收利息　　48 000

（2）2019 年 12 月 31 日财务处理如下：

借：应收利息　　48 000

　贷：投资收益　　41 369

　　　其他债权投资——B 公司债券（利息调整）　　6 631

借：银行存款　　48 000

　贷：应收利息　　48 000

（3）2020 年 12 月 31 日财务处理如下：

借：应收利息　　48 000

　贷：投资收益　　40 843

　　　其他债权投资——B 公司债券（利息调整）　　7 157

借：银行存款　　48 000

　贷：应收利息　　48 000

课堂讨论

如何确定其他债权投资的利息收入？

三、其他债权投资的期末计量

在资产负债表日，其他债权投资应按公允价值计量，公允价值变动计入其他综合收益。

（1）其他债权投资的公允价值高于账面余额时：

借：其他债权投资——公允价值变动

　贷：其他综合收益——其他债权投资公允价值变动

（2）其他债权投资的公允价值低于账面余额时：

借：其他综合收益——其他债权投资公允价值变动

　贷：其他债权投资——公允价值变动

【例 3－31】 接例 3－30 的资料。若 2018 年 12 月 31 日 A 公司所持有的 B 公司债券市价（不包括应计利息）618 000 元，2019 年 12 月 31 日 B 公司债券市价610 000元。

（1）2018 年 12 月 31 日确认公允价值变动：

公允价值变动＝618 000－613 788＝4 212（元）

借：其他债权投资——B 公司债券（公允价值变动）　　4 212
　贷：其他综合收益——其他债权投资公允价值变动　　4 212

调整后债券账面价值 = 613 788 + 4 212 = 618 000（元）

（2）2019 年 12 月 31 日确认公允价值变动：

调整前债券账面价值 = 618 000 − 6 631 = 611 369（元）

公允价值变动 = 610 000 − 611 369 = −1 369（元）

借：其他综合收益——其他债权投资公允价值变动　　1 369
　贷：其他债权投资——B 公司债券（公允价值变动）　　1 369

调整后债券账面价值 = 611 369 − 1 369 = 610 000（元）

课堂讨论

在资产负债表中，其他债权投资的价值如何反映？

四、其他债权投资的处置

企业在处置其他债权投资时，应将处置价款与账面余额之间的差额计入投资收益，并将原计入其他综合收益对应处置部分的金额转出，计入投资收益。

借：银行存款　　（实际收到的价款）
　贷：其他债权投资——成本　　（面值）
　　　　　　　　——利息调整　　（利息调整摊余差额）
　　　　　　　　——公允价值变动　　（累计公允价值变动金额）
　　应收利息/其他债权投资——应计利息　　（应计未收利息）
　　投资收益　　（按上述差额，贷记或借记）

借：其他综合收益——其他债权投资公允价值变动
　贷：投资收益

【例 3－32】A 公司 2020 年 2 月 1 日将所持有面值为 600 000 元、期限 3 年、票面利率 8%、每年 12 月 31 日付息的 B 公司债券出售，实际收到价款 612 000 元。当日，B 公司债券账面余额 608 000 元，其中，成本 600 000 元，利息调整（借方）7 157 元，公允价值变动（借方）843 元。

借：银行存款　　612 000
　贷：其他债权投资——B 公司债券（成本）　　600 000
　　　　　　　　——B 公司债券（利息调整）　　7 157
　　　　　　　　——B 公司债券（公允价值变动）　　843
　　投资收益　　4 000

借：其他综合收益——其他债权投资公允价值变动　　843
　贷：投资收益　　843

课堂讨论

如何对其他债权投资的处置业务进行会计核算？

学习情境二　其他权益工具投资

一、其他权益工具投资的初始计量

为了核算持有的指定为以公允价值计量且其变动计入其他综合收益的非交易性权益工具投资，企业应当设置“其他权益工具投资”，并按照其他权益工具投资的类别和品种，分别按“成本”“公允价值变动”账户进行明细核算。有关账务处理如下。

（1）企业取得其他权益工具投资时：

借：其他权益工具投资——成本　　　　（公允价值与相关交易费用之和）

　　应收股利　　　　　　　　　　　　（已宣告但尚未发放的现金股利）

　贷：银行存款　　　　　　　　　　　（实际支付的价款）

（2）收到已宣告但尚未发放的现金股利时：

借：银行存款

　贷：应收股利

【例3－33】A公司2020年4月10日以每股7.6元的价格购入B公司每股面值1元的股票80 000股，并指定为以公允价值计量且其变动计入其他综合收益的金融资产，支付交易费用1 800元。股票价格中包含每股0.2元已宣告但尚未发放的现金股利。该现金股利5月10日发放。

（1）2020年4月10日购入B公司股票：

初始入账价值＝（7.6－0.2）×80 000＋1 800＝593 800（元）

应收现金股利＝0.2×80 000＝16 000（元）

借：其他权益工具投资——B公司股票（成本）　　593 800

　　应收股利　　16 000

　贷：银行存款　　609 800

（2）2020年5月10日收到现金股利：

借：银行存款　　16 000

　贷：应收股利　　16 000

二、其他权益工具投资持有收益的确认

（1）企业在其他权益工具投资持有期间，被投资方宣告发放符合条件的现金股利时：

借：应收股利

贷：投资收益

（2）收到发放的现金股利时：

借：银行存款

贷：应收股利

【例3-34】A公司持有已确定为其他权益工具投资的B公司股票80 000股，2020年4月10日B公司宣告每股分派现金股利0.25元（满足股利收入的确认条件）。该现金股利5月10日发放。

（1）2020年4月10日B公司宣告分派现金股利：

应收现金股利=0.25×80 000=20 000（元）

借：应收股利　20 000

贷：投资收益　20 000

（2）2020年5月10日收到B公司发放的现金股利：

借：银行存款　20 000

贷：应收股利　20 000

三、其他权益工具投资的期末计量

资产负债表日，其他权益工具投资应按公允价值反映，公允价值变动计入其他综合收益。

（1）其他权益工具投资的公允价值高于账面余额时：

借：其他权益工具投资——公允价值变动

贷：其他综合收益——其他权益工具投资公允价值变动

（2）其他权益工具投资的公允价值低于账面余额时：

借：其他综合收益——其他权益工具投资公允价值变动

贷：其他权益工具投资——公允价值变动

【例3-35】A公司持有已确定为其他权益工具投资的B公司股票80 000股，初始入账价值593 800元。2019年12月31日B公司股票每股市价8.2元，2020年12月31日每股市价7.5元。

（1）2019年12月31日确认公允价值变动：

公允价值变动=8.2×80 000-593 800=62 200（元）

借：其他权益工具投资——B公司股票（公允价值变动）　62 200

贷：其他综合收益——其他权益工具投资公允价值变动　62 200

（2）2020年12月31日确认公允价值变动：

公允价值变动=7.5×80 000-8.2×80 000=-56 000（元）

借：其他综合收益——其他权益工具投资公允价值变动　56 000

贷：其他权益工具投资——B公司股票（公允价值变动）　56 000

课堂讨论

其他权益工具投资与其他债权投资公允价值变动的会计处理有何不同？

四、其他权益工具投资的处置

企业在处置其他权益工具投资时，应将处置价款与账面余额之间的差额计入留存收益，并将原计入其他综合收益对应处置部分的金额转出，计入留存收益。

借：银行存款　　　　　　　　　　（实际收到的价款）
　贷：其他权益工具投资——成本　　　　（初始入账价值）
　　　　　　　　　　——公允价值变动（累计公允价值变动金额，贷记或借记）
　　盈余公积　　　　　　　　　　　（按上述差额，贷记或借记）
　　利润分配——未分配利润　　　　　（按上述差额，贷记或借记）

借：其他综合收益——其他权益工具投资公允价值变动
　贷：盈余公积
　　利润分配——未分配利润

【例3-36】 接例3-34和例3-35资料。A公司于2020年2月底将持有已确定为其他权益工具投资的B公司股票80 000股全部售出，实际收到价款650 000元。当日，B公司股票账面余额600 000元，其中，成本593 800元，公允价值变动（借方）6 200元。A公司按10%提取法定盈余公积。

借：银行存款　　　　　　　　　　　　　　　　650 000
　贷：其他权益工具投资——B公司股票（成本）　　　593 800
　　　　　　　　　　——B公司股票（公允价值变动）　　6 200
　　盈余公积　　　　　　　　　　　　　　　　　　5 000
　　利润分配——未分配利润　　　　　　　　　　　45 000

借：其他综合收益——其他权益工具投资公允价值变动　6 200
　贷：盈余公积　　　　　　　　　　　　　　　　　620
　　利润分配——未分配利润　　　　　　　　　　　5 580

实践操作

2019年5月6日甲公司支付贷款508 000元（含交易费用500元和已宣告发放现金股利7 500元），购入乙公司发行的股票200 000股，占乙公司有表决权股份的0.5%。甲公司将其划分为其他金融工具投资。5月10日，甲公司收到乙公司发放的现金股利7 500元。6月30日，该股票市价为每股2.6元。12月31日，甲公司仍持有该股票；当日，该股票市价为每股2.5元。2020年4月15日，乙公司宣告发放现金股利6 000元。5月13日，甲公司收到乙公司发放的现金股利。5月20日，甲公司以每股2.4元的价格将股票全部转让。

要求：对甲公司上述业务作出相关账务处理并正确填制记账凭证。

其他金融工具投资账务处理总结

本项目小结

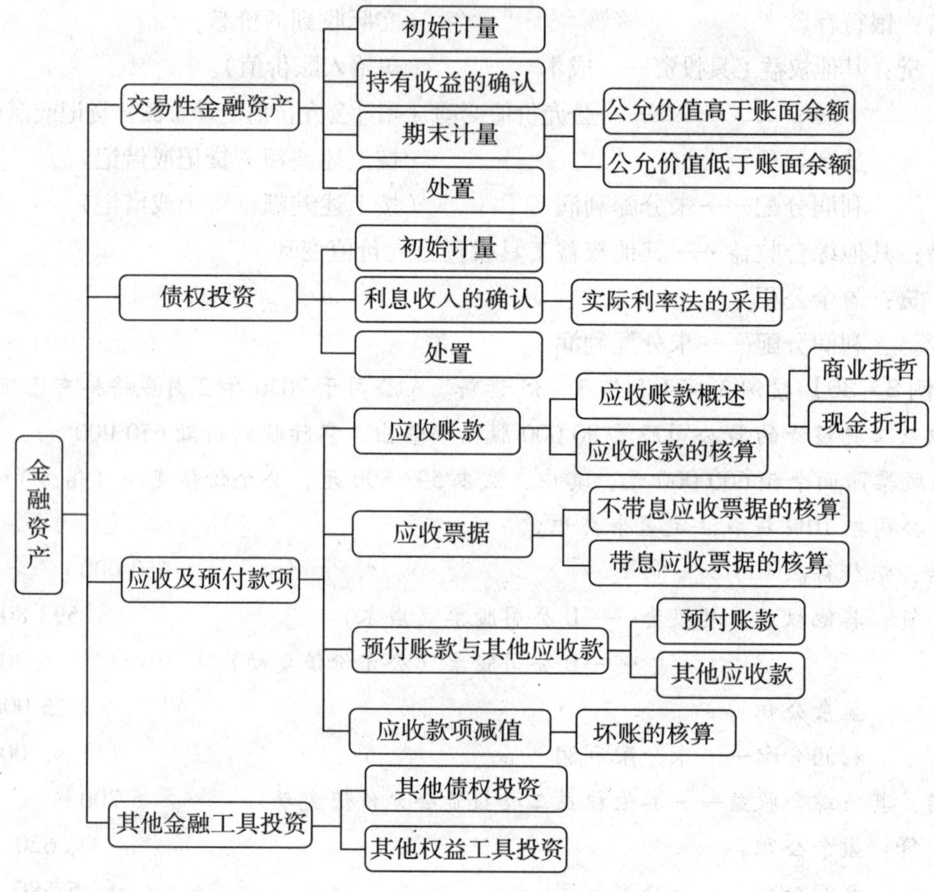

项目四　存货

知识目标

1. 理解存货的确认和分类；
2. 掌握存货的取得、发出和结存的核算方法；
3. 掌握存货发出的计价方法和可变现净值的确认方法。

能力目标

1. 熟练利用实际成本法和计划成本法对外购材料进行核算；
2. 正确分摊存货成本差异；
3. 利用分次摊销法熟练进行低值易耗品摊销的核算；
4. 具备存货期末计价和清查的会计处理能力。

案例导入

小王大学毕业后进入一家企业担任会计，主要负责库存和成本核算。由于最近一直被材料成本问题困扰，于是就去向其师傅李会计请教。李会计就以本企业产品生产为例，从材料采购、入库到领用、期末结存等内容大致讲了一遍，最后语重心长地说："小王啊，材料成本核算方面一定要注意细节，细节可决定着这项工作的成败！"小王听了李会计的话，若有所思地点了点头，似乎明白了一些。

问题思考：如果你是负责存货核算的会计，你认为小王在材料采购、领用和期末结存过程中，有关材料成本应如何计算？相关会计处理又该如何进行呢？

任务一　存货的确认与初始计量

存货的确认和初始计量

学习情境一　存货的确认与分类

一、存货的确认

企业在确认某项资产是否作为存货时，首先要看它是否符合存货的概念，然后还应当要求其满足存货确认的条件。

存货是指企业在日常活动中持有以备出售的产成品或商品、处于生产过程中的在产品、在生产过程或提供劳务过程中耗用的材料和物料等。包括商品、产成品、半成品、在产品以及各种材料、燃料、包装物、低值易耗品、委托加工物资等。

存货属于流动资产，是一种具有物质实体的非货币性有形资产，存在价值减损的可能性。其取得是为了正常生产经营的被销售或耗用。

存货同时满足下列两个条件，才能予以确认。

（1）与存货有关的经济利益很可能流入企业。

（2）存货的成本能够可靠地计量。

在盘存日，凡是法定财产权属于企业的各种商品和材料物资等，无论其存放于何处、以何种实物形态存在，都应确认为企业存货；凡是法定财产权不属于企业的各种商品和材料物资等，即使存放于企业，也不能确认为企业的存货。此外，企业还应以物品价值和使用期限划清楚存货与固定资产之间的关系。

二、存货的分类

为了加强对企业存货的管理，提供有用的会计信息，应当对存货进行适当的分类。

（1）按经济用途可分为：原材料、在产品、自制半成品、产成品、商品、周转材料。

（2）按存放地点可分为：在库存货、在途存货、在制存货、在售存货。

（3）按取得方式可分为：外购存货、自制存货、委托加工存货、投资者投入的存货、接受捐赠取得的存货、通过债务重组取得的存货、非货币性资产交换取得的存货、盘盈的存货等。

课堂讨论

企业如何确认某项资产是不是存货？

学习情境二　存货的初始计量

存货的初始计量是指对达到目前状态和场所的存货价值进行计量，是为了确定存货的入账价值，在取得时对存货进行计量。

《企业会计准则》要求，存货应当按照成本进行初始计量。存货成本是指达到目前状态和场所而发生的各种成本，包括采购成本、加工成本和其他成本。

一、外购存货

外购存货包括通过购买从企业外部取得的各种材料、商品以及低值易耗品等，其初始成本就是采购成本，包括购买价款、相关税费、运输费、装卸费、保险费以及其他可归属于存货采购成本的费用。外购存货成本的计算公式如下：

外购存货成本＝购买价款＋相关税费＋运输费＋装卸费＋保险费＋其他可归属于存货采购成本的费用（仓储费、包装费、运输途中的合理损耗和入库前的挑选整理费）

其中，购买价款是指购货发票上列明的价款，不包括按规定可以抵扣的增值税税款；相关税费就是企业购买、自制或委托加工存货所发生的消费税、资源税和不能从增值税税额中抵扣的进项税额；其他可归属于存货采购成本的费用若能分清负担对象的，应直接计入存货采购成本，不能分清负担对象的，应选择合理的分配方法，分配计入有关存货的采购成本；外购存货过程中发生的运输费、装卸费、保险费及其他可归属于采购成本的进货费用，也应计入存货采购成本，在商品销售后计入当期损益。

【例4－1】 通达公司为增值税一般纳税人，2020年4月购入A材料1 000千克，增值税专用发票上注明的买价为30 000元，增值税为5 100元。该批A材料在运输途中发生1%的合理损耗，实际验收入库990千克；在入库前发生挑选整理费用300元。该批入库A材料的实际总成本为多少？

解析：外购A材料总成本＝30 000＋300

＝30 300（元）

单位成本＝总成本÷入库A材料数量

＝30 300÷［1 000×（1－1%）］

≈30.61（元/千克）

二、自制存货

自制存货是企业自行生产加工制造的存货，如产成品、自制半成品、自制材料。其初始成本包括加工制造过程中耗用的直接材料或半成品和存货的加工成本。自制存货成本的计算公式如下：

自制存货成本＝直接材料或半成品成本＋加工成本（包括直接人工、制造费用）

其中，加工成本若是在同一生产过程中由生产多种产品产生且每种产品的加工成本不能直接区分的，则应当按照合理的方法在各种产品之间进行分配；若加工成本只因一种产品而产生，企业可以将其先归集，然后直接计入该种产品成本。制造费用是指企业生产产品和提供劳务而发生的各种间接费用，包括企业生产部门管理人员的薪酬、办公费、水电费、折旧费、修理费、机物料消耗、劳动保护费、季节性和修理期间的停工损失等。

三、委托加工存货

委托加工存货是指由于受生产工艺技术或设备等条件限制，或出于其他原因，企业委托外单位加工完成的存货，其实际成本包括拨付加工的原材料或半成品或商品成本、加工费、运输费、装卸费、保险费等，以及按规定计入成本的税金。计算公式如下：

委托加工存货成本＝拨付加工的原材料或半成品成本＋加工费＋运杂费＋相关税金＋保险费

其中，相关税金是指委托加工物资应负担的增值税、消费税。

四、其他方式取得的存货

（1）通过提供劳务取得的存货，其成本按照劳务提供人员的直接人工和其他直接费用及可归属于该存货的间接费用确定。

（2）投资者投入的存货，其成本按照投资合同或协议约定的价值确定，但合同或协议约定的价值不公允的除外。

（3）盘盈的存货，其成本按照同类或类似存货的市场价格确定。

（4）接受捐赠的存货，若捐赠方提供了有关凭证（发票、报关单等），其成本按照凭证标明的金额加上相关税费确定；若捐赠方没有提供有关凭证的，其成本则按同类或类似存货的市场价格估计金额，加上相关税费确定，没有市场价格供参考的，可按照存货预计未来现金流量现值来确定。

此外，企业通过债务重组、非货币性资产交换和企业合并等取得的存货，其成本按照企业会计准则的有关规定来确定。

课堂讨论

存货的取得有哪些方式？如何确定外购存货的成本？

实践操作

通达公司为增值税一般纳税企业。2020 年 5 月 23 日购入 A 材料 150 千克，收到的增值税专用发票注明价款900万元，增值税为117万元。发生可计入的运输费用9万元，包装费3万元，途中保险费2.7万元。材料运抵企业后，验收入库发现A材料短缺30%，其中合理损失5%，另25%的缺损尚待查明原因。计算该批入库A材料的实际总成本和单位成本。

任务二　存货增加的核算

企业存货的种类繁多，来源渠道也多种多样。外购存货包括外购材料、低值易耗品和包装物。根据核算和管理需要，在计价方法上既可以按实际成本计价核算，也可以按计划成本计价核算。

学习情境一　外购存货按实际成本计价

外购存货按实际成本计价就是对于每一种存货的采购、入库、发出和结存，在总账和明细账中都按照存货的实际成本登记入账。企业外购存货的方式通常包括现购、预付款购货和赊购3种方式。不同的购货方式，其会计处理也有所不同。

一、账户设置

为了核算外购存货的增减变动和结存情况，企业应设置“原材料”“在途物资”“周转材料”3个资产类账户。

1. “原材料”账户

该账户用来核算企业库存的各种原材料的实际成本，借方登记验收入库原材料的实际成本，贷方登记发出原材料的实际成本，期末余额在借方，表示库存原材料的实际成本。该账户应按照材料类别、品种、规格及保管地点进行明细核算。

2. “在途物资”账户

该账户用来核算企业已经购进但尚未验收入库的各种材料的实际成本，借方登记已购进但尚未验收入库的各种材料实际成本，贷方登记已经验收入库的各种材料实际成本，期末余额在借方，表示已经购进但尚未验收入库的各种材料的实际成本。该账户一般按照材料物资类别、品种或供应方进行明细核算。

3. “周转材料”账户

该账户用来核算低值易耗品和包装物验收入库、领用、摊销和结存情况，借方登记验收入库或盘盈低值易耗品和包装物的实际成本，贷方登记领用、盘亏低值易耗品和包装物的实际成本，期末余额在借方，表示库存未用低值易耗品和包装物的实际成本。该账户分“低值易耗品”和“包装物”进行二级明细核算，其下分别以低值易耗品和包装物的类别、品种和规格进行明细分类核算。

二、现购方式下的业务核算

现购方式是指购买存货采取一手交钱、一手交货、钱货两清的方式。在现购方式下，企业由于距离采购地点远近不同、货款结算方式不同等原因，可能造成存货验收入库和货款结算并不能总是同步完成。具体包括以下3种情况。

★1. 单货同到

外购存货的发票账单和存货同时到达企业。企业在支付存货的采购款项并将存货验收入库后，根据发票账单等结算凭证和收料单，作出如下账务处理。

采购业务流程

借：原材料等——××存货

　　应交税费——应交增值税（进项税额）

　贷：银行存款/其他货币资金/应付账款/应付票据等

【例4-2】通达公司2020年6月18日购进甲材料一批，货款30 000元，增值税为3 900元。发票账单等结算凭证已到，价税款已通过银行转账支付，材料已验收入库。

借：原材料——甲材料　　30 000

　　应交税费——应交增值税（进项税额）　　3 900

　贷：银行存款　　33 900

【例4-3】通达公司2020年6月25日向B公司购进乙材料一批，货款100 000元，增值税为13 000元。发票账单等结算凭证已到，材料已验收入库。由于通达公司暂时周转资金困难，销售方同意其45天内付清款项。

借：原材料——甲材料　　100 000

　　应交税费——应交增值税（进项税额）　　13 000

　贷：应付账款——B公司　　113 000

★2. 单到货未到

外购存货的发票账单已经到达企业，但存货尚未到达（尚未验收入库）。一般是异地采购业务，多采用托收承付的结算方式，结算凭证与存货到达企业的时间不一致。相关账务处理如下。

（1）发票账单达到企业：

借：在途物资——××存货（供应方）

　　应交税费——应交增值税（进项税额）

　贷：银行存款/其他货币资金/应付账款/应付票据等

（2）存货验收入库，根据收料单：

借：原材料等——××存货

　贷：在途物资——××存货（供应方）

【例4-4】通达公司2020年7月2日收到银行转来的托收承付结算凭证及发票、代垫运费单据等，列明乙材料款20 000元，增值税为2 600元，发生运费500元（假设不计税）。7月6日收到仓库转来的收料单。

①2020年7月2日收到发票等结算凭证：

借：在途物资——乙材料（20 000+500）　　20 500
　　应交税费——应交增值税（进项税额）　　2 600
　贷：银行存款　　23 100

②2020年7月6日收到仓库转来的收料单：

借：原材料——乙材料　　20 500
　贷：在途物资——乙材料　　20 500

课堂讨论

单货同到和单到货未到各是什么含义？两种情况的账务处理有何区别？

实践操作

通达公司为增值税一般纳税人，2020年6月16日从利华公司购入一批甲材料，发票账单等结算凭证上注明的甲材料价款30 000元，增值税税率为13%。另有代垫的运杂费800元（假定不计税）。6月25日仓库转来收料单。要求：对通达公司上述业务作出相关账务处理并正确填制记账凭证。

★3. 货到单未到

外购存货已验收入库但发票账单等结算凭证尚未到达。企业可以先不进行会计处理。

（1）若发票账单等结算凭证在本月内能够到达企业，则在结算凭证到达日对外购存货作出账务处理（类似单货同到）：

借：原材料等——××存货
　　应交税费——应交增值税（进项税额）
　贷：银行存款/库存现金/应付账款/应付票据等

（2）若月末发票账单仍未到达，而该材料确系本单位所购买，应按该材料的合同价格、或者按相同材料或同一类别材料的实际成本、计划成本等**暂估**入账：

借：原材料等——××存货
　贷：应付账款——暂估应付款

下月初，用红字编制相同的记账凭证**冲销**上月底暂估记录：

借：原材料等——××存货
　贷：应付账款——暂估应付款

待结算凭证到达后，按单货同到的情况进行处理：

借：原材料等——××存货

　　应交税费——应交增值税（进项税额）

　　贷：银行存款/库存现金/应付账款/应付票据等

【例4－5】2020年6月20日通达公司仓库转来“收料单”，验收本公司购进的10吨丙材料，发票账单等结算凭证尚未到达。到月底，结算凭证仍未到达。该材料的合同单价5 000元/吨。7月6日，发票账单等结算凭证到达，增值税专用发票列明材料价款50 000元，增值税为6 500元，价税款已承付。

①2020年6月20日依据“收料单”：

借：原材料——丙材料　　50 000

　　贷：应付账款——暂估应付款　　50 000

②2020年7月1日，用红字冲回：

借：原材料——丙材料　　50 000（金额红字）

　　贷：应付账款——暂估应付款　　50 000（金额红字）

③2020年7月6日收到发票账单等结算凭证：

借：原材料——丙材料　　50 000

　　应交税费——应交增值税（进项税额）　　6 500

　　贷：银行存款　　56 500

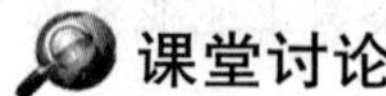

课堂讨论

比较实际成本计价法下现购方式3种不同情况的账务处理。

实践操作

通达公司为增值税一般纳税人，2020年6月19日从南方公司购入一批甲材料，材料已验收入库，发票账单等结算凭证未到。7月5日收到银行转来的托收承付结算凭证及发票账单等，发票上注明的甲材料价款80 000元，增值税税率为13%。另有代垫的运杂费1 000元（假定不计税）。假定合同成本为75 000元。要求：对通达公司上述业务作出相关账务处理并正确填制记账凭证。

三、预付款购货方式下的业务核算

企业在预付货款时，应按照实际预付的金额确认预付账款；待所购存货验收入库时，再按发票账单等结算凭证确定的存货成本确认存货，同时转销预付账款。

（1）预付款项：

借：预付账款——××单位

　　贷：银行存款

（2）购买成功：

借：原材料等——××存货

　　应交税费——应交增值税（进项税额）

　贷：预付账款——××单位

（3）若预付不足：

借：预付账款——××单位

　贷：银行存款

（4）若预付过多：

借：银行存款

　贷：预付账款——××单位

【例4－6】 2020年4月18日通达公司按照合同向大海公司预付甲材料部分款项50 000元。3日后，通达公司收到发票账单列明材料款80 000元，增值税10 400元，运杂费2 000元（假定不计税）。余款已经支付，材料已验收入库。

（1）根据预付货款的付款凭证：

借：预付账款——大海公司	50 000	
贷：银行存款		50 000

（2）根据发票账单、入库单等：

借：原材料——甲材料（80 000＋2 000）	82 000	
应交税费——应交增值税（进项税额）	10 400	
贷：预付账款——大海公司		92 400

（3）根据补付货款的付款凭证：

借：预付账款——大海公司	42 400	
贷：银行存款		42 400

实践操作

通达公司为增值税一般纳税人，为了购买乙材料，2020年7月3日按照合同预付给南方公司15 000元。7月9日收到发票账单列明的乙材料价款10 000元，增值税税率为13%，余款当日退回。要求：对通达公司上述业务作出相关账务处理并正确填制记账凭证。

四、赊购方式下的业务核算

赊购是指企业先从卖方得到货物而延期付款，即以短期欠账方式获得外购存货。

在赊购方式下，企业应作出如下账务处理：

（1）存货验收入库，发票账单等结算凭证已到：

借：原材料/周转材料/库存商品

　　应交税费——应交增值税（进项税额）

　贷：应付账款

（2）支付款项或开出、承兑商业汇票后：

借：应付账款

贷：银行存款/库存现金/应付票据等

【例4－7】通达公司2020年3月20日从B公司赊购一批甲材料，增值税专用发票上注明的价款60 000元，增值税为7 800元。根据购货合同约定，通达公司应于4月20日前支付款项。

（1）2020年3月20日从B公司赊购原材料：

借：原材料——甲材料	60 000	
应交税费——应交增值税（进项税额）	7 800	
贷：应付账款——B公司		67 800

（2）2020年4月20日支付款项：

借：应付账款——B公司	67 800	
贷：银行存款		67 800

【例4－8】通达公司2020年6月11日从B公司赊购一批乙材料，增值税专用发票上注明的价款10 000元，增值税为1 300元。根据购货合同约定，通达公司应于7月10日前支付款项，并附有现金折扣条件：2/10、1/20、*n*/30。

假定通达公司采用总价法，其账务处理如下：

（1）2020年6月11日赊购乙材料：

借：原材料——乙材料	10 000	
应交税费——应交增值税（进项税额）	1 300	
贷：应付账款——B公司		11 300

（2）支付购货款。

①若6月20日付款，则：

现金折扣＝10 000×2%＝200（元）

借：应付账款——B公司	11 300	
贷：银行存款		11 100
原材料——乙材料		200

②若6月30日付款，则：

现金折扣＝10 000×1%＝100（元）

借：应付账款——B公司	11 300	
贷：银行存款		11 200
原材料——乙材料		100

③若7月10日付款，则：

借：应付账款——B公司	11 300	
贷：银行存款		11 300

实践操作

通达公司为增值税一般纳税人，2020 年 4 月 16 日从利华公司赊购一批陶瓷材料，取得增值税专用发票上注明的价款 21 000 元，增值税税率为 13%，另有代垫的运费 800 元（假定不计税）。根据购货合同约定，通达公司应于 5 月 15 日前支付款项，并附有现金折扣条件：2/10、1/20、*n*/30。要求：对通达公司上述业务分情况进行相关账务处理并正确填制记账凭证。

五、外购存货发生短缺、毁损的会计核算

企业在存货采购过程中，如果发生了存货短缺、毁损等情况，应及时查明原因，区别处理。

（1）属于运输途中的合理损耗，应计入有关存货的采购成本。

（2）属于供货单位或运输单位的责任造成的存货短缺，应由责任人补足存货或赔偿货款，不计入存货的采购成本。

（3）属于自然灾害或意外事故等非常原因造成的存货毁损，先转入“待处理财产损溢”科目核算；待报经批准处理后，将扣除保险公司和过失人赔款后的净损失，计入营业外支出。

（4）尚待查明原因的存货短缺，先转入“待处理财产损溢”科目核算；待查明原因，再按上述要求进行会计处理。

（5）上列短缺存货涉及增值税的，还应进行相应处理。

【例 4－9】2020 年 5 月 19 日通达公司向南方公司购进丁材料一批，发票、运费单据列明丁材料 1 000 千克，每千克 400 元，货款 400 000 元，增值税税率为 13%，增值税为 52 000 元。5 月 22 日验收入库时发现短缺 50 千克，原因待查。

（1）若经查明原因，系供货单位少发造成。

在尚未支付货款的情况下，填写拒付理由书，根据发票、运费单据、拒付理由书、付款凭证和收料单，按实收数可得如下计算。

丁材料采购成本 =（1 000 − 50）× 400 = 380 000（元）

进项税额 = 380 000 × 13% = 49 400（元）

拒付款项 = 50 × 400 ×（1 + 13%）= 22 600（元），拒付部分不作账务处理。因此：

借：原材料——丁材料　　380 000

　　应交税费——应交增值税（进项税额）　　49 400

　贷：银行存款　　429 400

若已支付货款，按实收数验收入库，将未收数暂记“应付账款”账户，根据收料单和材料短缺或毁损报告单：

借：在途物资——丁材料　　400 000

　　应交税费——应交增值税（进项税额）（400 000×13%）　　52 000

　贷：银行存款　　452 000

借：原材料——丁材料　　380 000

　　应付账款——南方公司（50×400）　　20 000

　贷：在途物资——丁材料　　400 000

此后，若收到供货单位补发的50千克丁材料，根据收料单验收入库并冲销“应付账款”：

借：原材料——丁材料　　20 000

　贷：应付账款——南方公司　　20 000

若经协商，供货单位退回短缺货物的有关款项（短缺的丁材料成本和进项税），根据对方开来的红字发票和收款凭证：

借：银行存款　　22 600

　　应交税费——应交增值税（进项税额）（20 000×13%）　　2 600（金额红字）

　贷：应付账款——南方公司　　20 000

或记作：

借：银行存款　　22 600

　贷：应付账款——南方公司　　20 000

　　　应交税费——应交增值税（进项税转出）　　2 600

退款总额=50×400×（1+13%）=22 600（元）

（2）短缺或毁损材料若属于运输途中的合理损耗，则按实收数量和材料实际总成本入账，不单独核算短缺或毁损部分的材料。

仍然做如下处理：

借：原材料——丁材料　　400 000

　　应交税费——应交增值税（进项税额）　　52 000

　贷：银行存款　　452 000

但在明细账中，数量应记录为950千克，不能记录为1 000千克。

（3）短缺或毁损材料若属于运输途中发生的非常损失，则应先转入“待处理财产损溢”账户，待查明原因之后，经有关部门领导批准，再根据具体情况进行处理。

若上例中的50千克丁材料属于运输途中意外事故造成，假设已支付过货款，则待处理财产损溢=损失的丁材料成本+应少交的进项税=50×400×（1+13%）=22 600（元）。在验收入库时做如下处理：

借：原材料——丁材料　　380 000

　　待处理财产损溢——待处理流动资产损溢　　22 600

　贷：在途物资——丁材料　　400 000

　　　应交税费——应交增值税（进项税额转出）　　　　　　　　　　　　　2 600

待查明原因后，经批准，由运输单位赔偿时：

借：其他应收款——运输单位　　　　　　　　　　　　　　22 600

　　贷：待处理财产损溢——待处理流动资产损溢　　　　　　　　　　　22 600

课堂讨论

比较实际成本计价法下现购、预付款购货和赊购的会计处理有何不同？举例说明。

实践操作

通达公司2020年7月19日从利华公司购入2 000件丙材料，每件50元，增值税税率为13%，价税款已通过银行转账支付。7月21日待丙材料运抵企业后，验收时发现短缺30件。经查系利华公司少发造成，且利华公司已同意对短缺材料进行退款处理，7月30日实现退款。要求：对通达公司上述业务进行相关账务处理并正确填制记账凭证。

实际成本法与计划成本法的区别

学习情境二　外购存货按计划成本计价

存货收发业务较多且其制度较为健全、又有合理计划成本的企业，一般采用计划成本法对存货进行收发和结存的核算。外购存货按计划成本计价就是对于每一种存货的采购、入库、发出和结存，在总账和明细账中都按照存货的计划成本登记入账。

一、账户设置

为了核算外购存货的增减变动和结存情况，企业应设置“原材料”“材料采购”“周转材料”“材料成本差异”4个资产类账户。

1. “原材料”账户

该账户用来核算企业库存的各种原材料的计划成本，借方登记验收入库原材料的计划成本，贷方登记发出原材料的计划成本，期末余额在借方，表示库存原材料的计划成本。该账户应按照材料类别、品种、规格及保管地点进行明细核算。

2. “材料采购”账户

该账户用来核算企业购入的各种材料物资的采购成本，借方登记采购材料的实际成本，贷方登记验收入库材料的实际成本，期末余额一般在借方，表示尚未验收入库的材料实际成本。该账户一般按材料物资类别、品种和供应方进行明细核算。

3. “周转材料”账户

该账户用来核算低值易耗品和包装物验收入库、领用、摊销和结存情况，借方登记验收入库或盘盈低值易耗品和包装物的计划成本，贷方登记领用、盘亏低值易耗品和包装物的计划成本，期末余额在借方，表示库存未用低值易耗品和包装物的计划成本。该账户分“低值易耗品”和“包装物”2个账户进行二级明细核算，其下分别按低值易耗品和包装物的类别、品种和规格进行明细分类核算。

4. “材料成本差异”账户

材料成本差异的认知

该账户用来核算各种材料实际成本与计划成本之间的差额。计算公式如下：

材料成本差异＝实际成本－计划成本（大于0为超支差异，小于0为节约差异）

借方登记：入库材料的**超支差异**；结转发出材料的**节约差异**；

贷方登记：入库材料的**节约差异**；结转发出材料的**超支差异**。

期末余额在借方，反映企业库存材料等的超支差异；期末余额在贷方，反映企业库存材料等的节约差异。该账户一般分别设置“原材料”和“周转材料”账户进行明细核算。

另外，还应注意掌握材料成本差异率的定义和应用。**材料成本差异率**是指材料成本差异额占材料计划成本的比例，通常用百分比表示。其中，若材料成本差异率大于0，则表示超支差异率；反之，若材料成本差异率小于0，则为节约差异率。在实际工作中，若已知材料计划成本和材料成本差异率，则可以计算出材料实际成本，公式如下：

材料实际成本＝计划成本＋材料成本差异＝计划成本＋计划成本×材料成本差异率

课堂讨论

如何计算材料成本差异？该账户使用有何特征？

二、业务核算

企业外购存货按计划成本计量的账务处理与按实际成本计量相似，应根据外购存货的地点和结算方式而有所区分。

★1. 单货同到

在计划成本计价法下，企业支付了存货的采购款项并将存货验收入库后，作出如下账务处理。

（1）根据发票账单等结算凭证：

借：材料采购——××材料/供应方　　　　　　　　　（实际采购成本）
　　应交税费——应交增值税（进项税额）
　贷：银行存款/其他货币资金/应付账款/应付票据等

（2）根据收料单：

借：原材料/周转材料——××材料　　　　　　（计划成本）

　贷：材料采购——××材料/供应方　　　　　　（实际采购成本）

　　　材料成本差异——原材料/周转材料（借记超支差异，贷记节约差异）

【例4－10】 通达公司2020年4月13日从南方公司购进甲材料一批，货款30 000元，增值税为3 900元。发票账单等结算凭证已到，价税款已通过银行转账支付，材料已验收入库。甲材料计划成本为28 000元。

（1）根据发票账单等结算凭证：

借：材料采购——南方公司　　　　30 000

　　应交税费——应交增值税（进项税额）　　3 900

　贷：银行存款　　　　33 900

（2）根据收料单：

借：原材料——甲材料　　　　28 000

　　材料成本差异——原材料　　　　2 000

　贷：材料采购——南方公司　　　　30 000

★2. 单到货未到

在计划成本计价法下，企业外购存货的发票账单先到，存货滞后到达，则相关账务处理如下。

（1）发票账单达到企业：

借：材料采购——××材料/供应方

　　应交税费——应交增值税（进项税额）

　贷：银行存款/其他货币资金/应付账款/应付票据等

（2）存货验收入库，根据收料单：

借：原材料/周转材料——××材料

　贷：材料采购——××材料/供应方

　　　材料成本差异——原材料/周转材料（借记超支差异，贷记节约差异）

【例4－11】 通达公司2020年7月3日从利华公司购进乙材料一批，发票账单等结算凭证已到，列明乙材料款30 000元，增值税为3 900元，发生运费700元（假设不计税），款项已通过银行转账支付。7月5日收到仓库转来的收料单。乙材料计划成本为32 000元。

（1）2020年7月3日收到发票等结算凭证：

借：材料采购——利华公司（30 000＋700）　　　　30 700

　　应交税费——应交增值税（进项税额）　　3 900

　贷：银行存款　　　　34 600

（2）2020 年 7 月 5 日收到仓库转来的收料单：

借：原材料——乙材料　　32 000

　贷：材料采购——利华公司　　30 700

　　材料成本差异——原材料　　1 300

实践操作

通达公司为增值税一般纳税人，2020 年 6 月 15 日从瑞元公司购入一批甲材料，发票账单等结算凭证上注明的甲材料价款 20 000 元，增值税税率为 13%。另有代垫的运杂费 800 元（假定不计税）。6 月 23 日仓库转来收料单。甲材料计划成本为 23 000 元。要求：对通达公司上述业务进行相关账务处理并正确填制记账凭证。

★3. 货到单未到

在计划成本计价法下，外购存货已验收入库但发票账单等结算凭证尚未到达。其账务处理过程与实际计价法下的相似。

【例 4－12】 2020 年 6 月 19 日通达公司仓库转来"收料单"，验收从利华公司购进的 10 吨丙材料，发票账单等结算凭证尚未到达。到月底，结算凭证仍未到达。该材料的计划成本 2 500 元/吨。7 月 3 日，发票账单等结算凭证到达，增值税专用发票列明材料价款 30 000 元，增值税为 3 900 元，价税款已承付。

（1）2020 年 6 月 30 日依据"收料单"：

借：原材料——丙材料（10 × 2 500）　　25 000

　贷：应付账款——暂估应付款　　25 000

（2）2020 年 7 月 1 日，用红字冲回：

借：原材料——丙材料　　25 000（金额红字）

　贷：应付账款——暂估应付款　　25 000（金额红字）

（3）2020 年 7 月 3 日收到发票账单等结算凭证：

借：材料采购——利华公司　　30 000

　　应交税费——应交增值税（进项税额）　　3 900

　贷：银行存款　　33 900

根据仓库转来的收料单：

借：原材料——乙材料　　25 000

　　材料成本差异——原材料　　5 000

　贷：材料采购——利华公司　　30 000

课堂讨论

比较现购方式在 3 种不同情况下按计划成本计价的账务处理。

实践操作

通达公司为增值税一般纳税人，2020 年 6 月 23 日从雨木公司购入一批甲材料，材料已验收入库，发票账单等结算凭证尚未到达。7 月 10 日，发票账单等结算凭证到达，发票列明材料价款 23 000 元，增值税税率为 13%，价税款已承付。该材料的计划成本为26 000元。要求：对通达公司上述业务进行相关账务处理并正确填制记账凭证。

★4. 外购材料短缺、毁损的会计处理

【例 4－13】 通达公司 2020 年 7 月 23 日从中原公司购进布料，由本公司运输部门提货并运回单位。发票列明布料 6 000 米，每米 10 元，货款 60 000 元，增值税税率为 13%。7 月 25 日验收入库时发现短缺 100 米。计划单位成本每米 12 元。原因待查。

（1）经查明原因，若系**供货单位少发**，在尚未支付货款的情况下，填写拒付理由书，然后按照实收数支付款项，根据发票、拒付理由书、付款凭证，作购进处理。

借：材料采购——中原公司（5 900×10）　　59 000
　　应交税费——应交增值税（进项税额）　　7 670
　贷：银行存款　　66 670
借：原材料——布料（5 900×12）　　70 800
　贷：材料采购——中原公司　　59 000
　　　材料成本差异——原材料　　11 800

若已经支付货款，按实收数验收入库，将未收数暂记“应付账款”账户。

借：材料采购——中原公司（6 000×10）　　60 000
　　应交税费——应交增值税（进项税额）　　7 800
　贷：银行存款　　67 800
借：原材料——布料　　70 800
　　应付账款——中原公司（100×10）　　1 000
　贷：材料采购——中原公司　　60 000
　　　材料成本差异——原材料　　11 800

若补发 100 米布料，则冲销“应付账款”：

借：原材料——布料（100×12）　　1 200
　贷：应付账款——中原公司　　1 000
　　　材料成本差异——原材料　　200

若退款，则：

借：银行存款　　1 130
　　应交税费——应交增值税（进项税额）　　130（金额红字）
　贷：应付账款——中原公司　　1 000

或：

借：银行存款　　1 130

　贷：应付账款——中原公司　　1 000

　　应交税费——应交增值税（进项税转出）　　130

（2）若属于运输途中的**合理损耗**，则按实收数量和材料实际总成本入账，不单独核算短缺或毁损部分的材料。

借：材料采购——中原公司　　60 000

　应交税费——应交增值税（进项税额）　　7 800

　贷：银行存款　　67 800

借：原材料——布料　　72 000

　贷：材料采购——中原公司　　60 000

　　材料成本差异——原材料　　12 000

（3）若属于运输途中发生的**非常损失**，则应先转入“待处理财产损溢”账户，待查明原因之后，经过有关部门领导批准再根据具体情况进行处理。

借：原材料——布料　　70 800

　待处理财产损溢——待处理流动资产损溢　　1 130

　贷：材料采购——中原公司　　60 000

　　应交税费——应交增值税（进项税转出）　　130

　　材料成本差异——原材料　　11 800

经责任认定，由B保险公司赔偿1 000元，其余管理费用核销。

借：其他应收款——B保险公司　　1 000

　管理费用　　130

　贷：待处理财产损溢——待处理流动资产损溢　　1 130

课堂讨论

外购材料短缺、毁损按实际成本计价和按计划成本计价的处理有何区别？

实践操作

通达公司（一般纳税人，适用税率为13%）原材料采用计划成本法核算，2020年7月15日从远方公司购买一批A材料，该批材料计划成本16 000元，成本差异率为2%，所有款项均已支付。7月20日A材料验收入库时发现实际短缺900元，经查系对方单位少发造成，且对方已于7月29日补发短缺材料。要求：对通达公司上述业务进行相应的会计核算，并正确填制记账凭证。

原材料按实际成本法和按计划成本法核算的比较

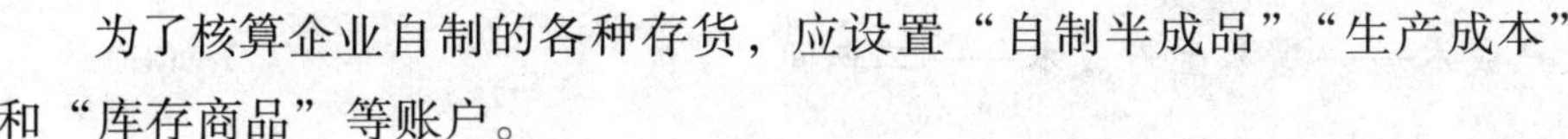

学习情境三　其他方式取得存货的核算

其他方式取得存货的核算

一、自制存货

1. 账户设置

为了核算企业自制的各种存货，应设置“自制半成品”“生产成本”和“库存商品”等账户。

（1）“自制半成品”账户。

该账户属于资产类账户，用来核算企业完成某些加工工序验收入库的各种自制半成品的实际成本，借方登记生产完成验收入库的自制半成品实际成本，贷方登记发出的、对外销售的自制半成品实际成本。期末余额为借方，反映企业库存的自制半成品成本。该账户可按库存半成品的种类、品种等进行明细核算。

（2）“生产成本”账户。

该账户属于成本类账户，用来核算企业工业生产发生的各项成本，借方登记企业发生的各项直接生产成本，贷方登记企业已经生产完成并验收入库的产品成本，期末余额在借方，反映企业尚未加工完成的在产品成本。该账户可按基本生产成本和辅助生产成本进行明细核算。

（3）“库存商品”账户。

该账户属于资产类账户，用来核算企业库存的各种商品的实际成本（进价）或计划成本（售价），包括库存产成品、外购商品、存放在门市部准备出售的商品、发出展览的商品及寄存在外的商品等。借方登记生产完成验收入库的产成品成本、购入商品验收入库后的商品成本、委托加工收回的商品成本，贷方登记结转的对外销售商品的销售成本，期末余额在借方，反映企业库存商品的成本。该账户可按库存商品的种类、品种和规格等进行明细核算。

2. 业务核算

企业自制的存货，由成本核算人员计算其实际成本，填制“成本计算单”“产品成本汇总表”，由生产部门填制产品入库单，据以验收入库。

【例4－14】 2020年5月23日通达公司第一生产车间完工交库A半成品600件，单位成本150元；第二生产车间领用A半成品400件，单位成本151元。5月28日第二生产车间完工交库甲产品200件，单位成本260元；乙产品100件，单位成本210元。

（1）一车间完成的A半成品验收入库：

借：自制半成品——A半成品（600×150）　　　　90 000

　贷：生产成本——基本生产成本——一车间　　　　90 000

（2）二车间领用 A 半成品：

借：生产成本——基本生产成本——二车间（400 × 151）　60 400

　贷：自制半成品——A 半成品　60 400

（3）二车间完成的产成品验收入库：

借：库存商品——甲产品（200 × 260）　52 000

　　　　　——乙产品（100 × 210）　21 000

　贷：生产成本——基本生产成本——二车间　73 000

实践操作

通达公司 2020 年 7 月 9 日一车间生产完工甲半成品 300 件，单位成本 50 元，二车间生产完工乙半成品 260 件，单位成本 100 元，甲、乙半成品均已验收入库。8 月 6 日三车间分别领取甲半成品和乙半成品各 200 件，生产完工丙产品并交库 100 件，丙产品单位成本 300 元。要求作出相应的会计处理，并正确填制记账凭证。

二、委托加工存货

委托加工物资的初步认识

1. 账户设置

为了反映委托外单位加工物资的各个环节，企业应设置"委托加工物资"账户。该账户属于资产类账户，借方登记拨付加工物资的实际成本、支付的加工费、往返运杂费、保险费和可纳入其中的相关税金，贷方登记完工验收入库的物资成本和退回剩余物资的成本，期末余额在借方，表示尚未完工的物资实际成本。该账户按受托加工单位进行明细核算。

在计算和确认委托加工物资相关税金时，有如下两点需要注意。

（1）增值税的确认。一般纳税人委托加工物资用于应交增值税项目并取得增值税专用发票的，其应负担的增值税可作为进项税额，不计入委托加工物资成本；凡是属于委托加工物资用于非应交增值税项目或免征增值税项目，以及小规模纳税人和一般纳税人未取得增值税专用发票的，其应负担的增值税应计入委托加工物资成本。

（2）消费税的确认。委托加工完毕的物资若直接用于销售，其应负担的消费税应计入委托加工物资成本，通常由受托方代收代缴；若加工收回的物资用于连续生产应税消费品，则其应负担的消费税先计入"应交税费——应交消费税"的借方，用以抵扣应税消费品应负担的消费税。

2. 账务处理

企业委托外单位加工存货，需要经过一系列环节，主要包括拨付委托加工的物资、支付加工费用和相关税金、支付往返运杂费和保险费等，加工完成后，结转委托加工物资成本，验收入库。若有剩余物资，还需作退回处理。

委托加工物资业务的账务处理如下。

(1) 拨付材料委托加工时，根据材料出库单。

借：委托加工物资——××加工厂

　贷：原材料——××材料

如果拨付一种商品加工成另一种商品，就将“原材料”换成“库存商品”：

委托加工应税消费品消费税政策

借：委托加工物资——××加工厂

　贷：库存商品——××商品

如果原材料按计划成本计价，还应借或贷记“材料成本差异”：

借：委托加工物资——××加工厂

　贷：原材料——××材料

　　材料成本差异——原材料（超支差异）

或　借：委托加工物资——××加工厂

　　　材料成本差异——原材料（节约差异）

　　贷：原材料——××材料

(2) 支付加工费用，计算委托加工物资应负担的增值税、消费税等。

增值税 = 支付的不含税加工费 × 增值税税率

消费税计税价格 =（委托加工物资的材料成本 + 加工费）÷（1 − 消费税税率）

加工企业代收代交的消费税 = 消费税计税价格 × 消费税税率

①若企业收回加工物资用于连续生产应税消费品，则消费税计入“应交税费”科目，根据加工费、税金的支付凭证：

借：委托加工物资——××加工厂

　应交税费——应交增值税（进项税额）

　　　　——应交消费税

　贷：银行存款

②若企业收回加工物资直接用于销售，则应交的消费税计入委托加工物资的成本，根据加工费、税金的支付凭证：

借：委托加工物资——××加工厂

　应交税费——应交增值税（进项税额）

　贷：银行存款

(3) 退回余料。

根据入库单：

借：原材料——××材料

　贷：委托加工物资——××加工厂

(4) 收回加工物资并验收入库。

①若企业收回加工物资用于连续生产应税消费品，根据入库单：

收回加工完毕的物资成本＝拨付的材料成本＋不含税的加工费－退回的材料成本

借：原材料——××应税消费品材料

　贷：委托加工物资——××加工厂

②若企业收回加工物资直接用于销售，根据入库单：

收回加工完毕的物资成本＝拨付的材料成本＋不含税的加工费＋消费税－退回的材料成本

借：库存商品——××商品

　贷：委托加工物资——××加工厂

【例4－15】 通达公司委托明发公司加工一批酒精，2020年6月10日拨付的A材料成本31 000元，加工费20 000元（不含增值税），其中，适用的消费税税率为5%，增值税税率为13%。相关款项已经转账支付。8月9日通达公司收回加工完毕的酒精，欲用于继续加工高纯度酒精。同日收回多余的A材料1 000元。

（1）2020年6月10日拨付A材料委托加工。

根据材料出库单：

借：委托加工物资——明发公司　　31 000

　贷：原材料——A材料　　31 000

（2）支付加工费用，计算委托加工物资应负担的增值税、消费税等。

应交增值税＝20 000×13%＝2 600（元）

消费税组成计税价格＝（31 000－1000＋20 000）÷（1－5%）

≈52 631.58（元）

明发公司代收代缴的消费税＝52 631.58×5%≈2 631.58（元）

借：委托加工物资——明发公司　　20 000

　　应交税费——应交增值税（进项税额）　　2 600

　　　　　　——应交消费税　　2 631.58

　贷：银行存款　　25 231.58

（3）8月9日退回余料。

借：原材料——A材料　　1 000

　贷：委托加工物资——明发公司　　1 000

（4）8月9日收回加工完毕的酒精。

委托加工完毕的酒精成本＝31 000－1 000＋20 000＝50 000（元）

借：原材料——酒精　　50 000

　贷：委托加工物资——明发公司　　50 000

如果例4－15中委托加工的酒精收回后直接用于销售，则通达公司又该如何进行账务处理？

课堂讨论

委托加工存货分为哪几个环节？每一环节的账务处理如何进行？

实践操作

海南公司2020年1月10日委托运河集团加工一批应税消费品产品，拨付的甲材料成本60 000元。1月13日支付加工费10 000元，增值税税率为13%，消费税税率为10%。2月6日委托加工完毕，收回应税消费品准备用于销售，同时收到退回的余料1 500元。要求进行相应的计算和会计处理，并正确填制记账凭证。

任务三　发出存货的核算

企业发出存货的核算，主要是对于生产经营领用存货和销售的核算，包括发出存货的计价和账务处理。

学习情境一　发出存货的计价方法

发出存货的计价方法

企业对发出存货进行计价时，会根据存货收发的频繁程度和数量，选择合适的计价方法。企业通常采用的计价方法主要有个别计价法、先进先出法、加权平均法和计划成本计价法。

一、个别计价法

个别计价法又称个别认定法或具体辨认法，指本期发出存货和期末结存存货的成本，完全按照该存货所属购进或生产批次入账时的实际成本进行确定的一种方法。采用该方法，要求对每一存货的品种、规格、入账时间、单位成本和存放地点等做详细记录。

【例4－16】 通达公司2020年7月甲商品购进、发出和结存情况如下：7月1日结存300千克，单位实际成本10元/千克。7月6日购进甲商品1 000千克，单位实际成本11元/千克，7月20日购进该商品600千克，单位实际成本12元/千克；7月12日发出单位实际成本为10元/千克的甲商品200千克、单位实际成本为11元/千克的该商品900千克，7月26日发出单位实际成本为12元/千克的该商品550千克、单位实际成本为10元/千克的商品100千克。

按照个别计价法，登记甲商品明细账如表4－1所示。

表 4-1　　存货明细账（个别计价法）　　单位：千克、元

2020 年		凭证号	摘 要	收入			发出			结存		
月	日			数量	单价	金额	数量	单价	金额	数量	单价	金额
7	1		期初结存							300	10	3 000
	6		入库	1 000	11	11 000				300 1 000	10 11	3 000 11 000
	12		发出				200 900	10 11	2 000 9 900	100 100	10 11	1 000 1 100
	20		入库	600	12	7 200				100 100 600	10 11 12	1 000 1 100 7 200
	26		发出				100 550	10 12	1 000 6 600	100 50	11 12	1 100 600
	31		合计	1 600		18 200	1 750		19 500	150		1 700

通过逐个认定，本月发出和月末结存甲商品的成本计算如下：

发出甲商品成本 $=200\times10+900\times11+550\times12+100\times10=19\,500$（元）

期末结存甲商品成本 $=100\times11+50\times12=1\,700$（元）

个别计价法适用于单价高、数量少，易于辨认不同进货批次的贵重存货或不能替代使用的存货、为特定项目专门购入或制造的存货，以及提供劳务的成本，如珠宝、房产、船舶等。

二、先进先出法

先进先出法是以先入库的存货先发出为假设条件，按照存货入库的先后顺序对发出存货和期末结存存货的成本进行计算的一种方法。

【例 4-17】沿用例 4-16 中的资料，按照先进先出法登记的存货明细账如表 4-2 所示。

表 4-2　　存货明细账（先进先出法）　　单位：千克、元

2020 年		凭证号	摘 要	收入			发出			结存		
月	日			数量	单价	金额	数量	单价	金额	数量	单价	金额
7	1		期初结存							300	10	3 000
	6		入库	1 000	11	11 000				300 1 000	10 11	3 000 11 000

续 表

2020 年		凭证号	摘 要	收入			发出			结存		
月	日			数量	单价	金额	数量	单价	金额	数量	单价	金额
	12		发出				300 800	10 11	3 000 8 800	200	11	2 200
	20		入库	600	12	7 200				200 600	11 12	2 200 7 200
	26		发出				200 450	11 12	2 200 5 400	150	12	1 800
	31		合计	1 600		18 200	1 750		19 400	150	12	1 800

采用先进先出法，甲商品本月发出和月末结存的成本计算如下：

发出甲商品成本 =300 ×10 +800 ×11 +200 ×11 +450 ×12 =19 400（元）

期末结存甲商品成本 =150 ×12 =1 800（元）

采用先进先出法对存货进行计价，可以随时确定发出存货的成本，并且期末存货成本是按最近购货成本确定的，比较接近现行市场价值。但是，采用该方法计价有时会涉及多个单位成本，计算比较烦琐。同时，该方法的采用对财务报告也会产生一定影响，即物价上涨时会高估当期利润和存货价值，物价下跌时会低估当期利润和存货价值。

三、加权平均法

加权平均法又称全月一次加权平均法，指以月初结存存货数量和本月收入存货数量作为权数，计算本月的加权平均单位成本，据以确定本期发出存货实际成本和期末结存存货实际成本的一种方法。计算公式如下：

加权平均单位成本 =（月初结存存货实际成本 + 本月收入存货实际成本）/（月初结存存货数量 + 本月收入存货数量）

本月发出存货实际成本 = 本月发出存货数量 × 加权平均单位成本

月末结存存货实际成本 = 月末结存存货数量 × 加权平均单位成本

或 = 月初结存存货实际成本 + 本月收入存货实际成本 − 本月发出存货实际成本

【例 4 −18】沿用例 4 −16 中的资料，按照加权平均法计算发出和结存甲商品的成本如下，其存货明细账如表 4 −3 所示。

甲商品的加权平均单位成本 =（3 000 +18 200）÷(300 +1 600) ≈11.16（元/千克）

本月发出甲商品实际成本 =1 750 ×11.16 =19 530（元）

月末结存甲商品实际成本 = 150 × 11.16 = 1 670（元）

或　　　　　　　　　　= 3 000 + 18 200 − 19 530 = 1 670（元）

表 4 − 3　　　　**存货明细账（加权平均法）**　　　　单位：千克、元

2020 年		凭证号	摘要	收入			发出			结存		
月	日			数量	单价	金额	数量	单价	金额	数量	单价	金额
7	1		期初结存							300	10	3 000
	6		入库	1 000	11	11 000				1 300		
	12		发出				1 100			200		
	20		入库	600	12	7 200				800		
	26		发出				650			150		
	31		合计	1 600		18 200	1 750	11.16	19 530	150	11.16	1 670

四、计划成本计价法

计划成本计价法是很多企业对存货尤其对材料经常采用的计价方法。

当发出材料时，将成本差异在发出材料和结存材料之间进行分配，然后将发出材料的计划成本调整为实际成本。有关计算公式如下。

（1）计算材料成本差异率：

$$材料成本差异率 = \frac{月初结存材料成本差异 + 本月收入材料成本差异}{月初结存材料计划成本 + 本月收入材料计划成本} \times 100\%$$

企业也可按上月材料成本差异率将发出材料的计划成本调整为实际成本。

（2）计算发出材料应负担的成本差异和发出材料的实际成本：

发出材料应负担的成本差异 = 发出材料的计划成本 × 材料成本差异率

发出材料的实际成本 = 发出材料的计划成本 ± 发出材料应负担的成本差异

（3）计算结存材料的实际成本：

结存材料的实际成本 = 结存材料的计划成本 ± 结存材料应负担的成本差异

或　　　　　　　　= (月初结存材料的计划成本 + 本月收入材料计划成本) ± (月初结存材料成本差异 + 本月收入材料成本差异) − 发出材料的实际成本

【例 4 − 19】 通达公司对材料采用计划成本计价，2020 年 9 月甲材料月初结存 60 000元，“材料成本差异”月初借方余额 1 200 元，本月验收入库材料计划成本 68 000元，其材料成本差异分别为节约 5 200 元、超支 3 500 元、节约 200 元、超支 1 000元，本月发出材料计划成本 100 000 元。

$$材料成本差异率 = \frac{1\,200 - 5\,200 - 200 + 3\,500 + 1\,000}{60\,000 + 68\,000} \times 100\%$$

$$=\frac{300}{128\ 000}\times 100\%\approx 0.234\%$$

发出材料应负担的成本差异＝100 000×0.234%＝234（元）

发出材料实际成本＝100 000＋234＝100 234（元）

结存材料实际成本＝(60 000＋68 000)＋(1 200－5 200－200＋3 500＋1 000)－100 234

＝128 000＋300－100 234

＝28 066（元）

课堂讨论

发出存货的计价方法主要有哪几种？请说出它们的联系和区别。

学习情境二　发出存货的会计处理

企业储备存货是为了生产经营的需要，其经济用途和消耗方式各不相同，对此，企业应当根据各类存货的特点和用途，对发出存货作出相应的会计处理。

一、生产经营领用原材料

随着原材料在生产经营过程中被领用，其原有的实物形态会发生改变或消失。企业应当按照原材料的用途和去向，将其成本计入相关资产成本或当期费用，并根据发料凭证，按材料的领用单位和用途登记入账。

发料凭证数量较多的单位，一般不直接根据领料凭证编制记账凭证并登记总账，平时只根据领料凭证登记原材料明细账，月末根据已分类汇总的领料凭证编制“发料凭证汇总表”，据以编制记账凭证并登记总账，进行材料发出的总分类核算。

借：生产成本——基本生产成本——××产品　　（生产产品领用）

　　　　　　——辅助生产成本——机修车间　　（辅助车间生产用）

　　制造费用——基本生产车间　　（基本生产车间一般耗用）

　　　　　　——辅助生产车间　　（辅助生产车间一般耗用）

　　管理费用　　（管理部门领用）

　　在建工程　　（专项工程领用）

　　销售费用　　（销售部门领用）

　　应付职工薪酬——应付福利费　　（福利部门领用）

　贷：原材料——××材料

注意：在建工程或职工福利部门领用原材料的，应按该原材料的实际成本及其不予抵扣的增值税借记“在建工程”或“应付职工薪酬”账户，同时按不予抵扣的增值税额贷记“应交税费——应交增值税（进项税额转出）”。

借：在建工程

应付职工薪酬——应付福利费

贷：应交税费——应交增值税（进项税额转出）

【例4－20】通达公司2020年10月发料凭证汇总表如表4－4所示：

表4－4　通达公司发料凭证汇总表

2020年10月　编号：

日期	领料单张数	领用部门和用途	原材料				
			原料及主要材料	辅助材料	修理用备件	其他材料	合计
		生产甲产品用	50 000				50 000
		基本车间一般用		8 000	3 000		11 000
		机修车间生产用	5 000		2 000		7 000
		机修车间一般用		2 000	400	100	2 500
		行政管理部门		600			600
		在建工程	11 000	400			11 400
		销售部门				1 500	1 500
		合计	66 000	11 000	5 400	1 600	84 000

会计主管：　记账：　审核：　填制：

根据发料凭证汇总表，应作出如下账务处理：

借：生产成本——基本生产成本——甲产品　50 000

——辅助生产成本——机修车间　7 000

制造费用——基本生产车间　11 000

——辅助生产车间（机修车间）　2 500

管理费用　600

在建工程　11 400

销售费用　1 500

贷：原材料　84 000

借：在建工程（11 400×13%）　1 482

贷：应交税费——应交增值税（进项税转出）　1 482

企业如果采用计划成本计价，则与按实际成本计价的核算方法相似，只是需要在发料凭证汇总表中计算填列发出材料应负担的材料成本差异额。

【例4－21】沿用例4－20的数据资料。假设通达公司对材料采用计划成本计价，成本差异率为1%（超支），其发料凭证汇总表如表4－5所示。

表4－5　　通达公司发料凭证汇总表

2020年10月　　编号：

日期	领料单张数	领用部门和用途	原材料					
			原料及主要材料	辅助材料	修理用备件	其他材料	合计	材料成本差异
		生产甲产品用	50 000				50 000	500
		基本车间一般用		8 000	3 000		11 000	110
		机修车间生产用	5 000		2 000		7 000	70
		机修车间一般用		2 000	400	100	2 500	25
		行政管理部门		600			600	6
		在建工程	11 000	400			11 400	114
		销售部门				1 500	1 500	15
		合计	66 000	11 000	5 400	1 600	84 000	840

会计主管：　记账：　审核：　填制：

（1）根据发料凭证汇总表，应作出如下账务处理：

借：生产成本——基本生产成本——甲产品　50 000
　　　　　——辅助生产成本——机修车间　7 000
　　制造费用——基本生产车间　11 000
　　　　　——辅助生产车间（机修车间）　2 500
　　管理费用　600
　　在建工程　11 400
　　销售费用　1 500
　贷：原材料　84 000

（2）分摊材料成本差异：

借：材料成本差异——原材料　840
　贷：生产成本——基本生产成本——甲产品　500
　　　　　——辅助生产成本——机修车间　70
　　　制造费用——基本生产车间　110
　　　　　——辅助生产车间（机修车间）　25
　　　管理费用　6
　　　在建工程　114
　　　销售费用　15

实践操作

通达公司2020年11月发出A材料15 000元、B材料5 000元，其中，一车间生产领用A材料10 000元，二车间一般耗用B材料2 000元，管理部门领用B材料3 000元，工程部门领用A材料5 000元。请作出相应的会计处理并正确填制记账凭证。

二、生产经营领用周转材料

周转材料的确认

企业领用的周转材料分布于生产经营的各个环节，具体用途不同，会计处理也各异。企业既可以设置“周转材料”账户核算各种周转材料的实际成本或计划成本，也可以单独设置“包装物”“低值易耗品”账户分别核算包装物和低值易耗品。企业应根据周转材料的消耗方式、价值大小、耐用程度等，选择适当的摊销方法，将其账面价值一次或分次分摊计入有关成本费用。常用的周转材料摊销方法有一次摊销法和分次摊销法（包含五五摊销法）。

（一）包装物领用的核算

包装物属于周转材料，指为了包装本企业商品而储备的各种包装容器，如箱、桶、瓶、坛等。包装物可以一次性领用，也可以多次反复周转使用。包装物领取按照其用途，可以分为生产领用、随同商品出售（又分为单独计价和不单独计价两种情况）、出租或出借给其他单位使用等。

1. 生产领域领用包装物

企业生产领域领用包装物主要是为了生产产品或车间一般耗用。

其相关账务处理如下：

借：生产成本——基本生产成本——××产品/车间　（生产产品领用）

　　　　　　——辅助生产成本——××辅助车间　（辅助车间生产用）

　　制造费用——基本生产车间　（基本生产车间一般耗用）

　　　　　　——辅助生产车间　（辅助生产车间一般耗用）

　贷：周转材料——包装物

包装物领用如果按计划成本计价，还要在月末结转成本差异。

2. 随同商品出售的包装物

在随同商品出售时，包装物可能不单独计价，也可能单独计价。其账务处理如下：

借：销售费用　（随同商品出售不单独计价）

　　其他业务成本　（随同商品出售单独计价）

　贷：周转材料——包装物

随同商品出售单独计价的包装物还要单独确认销售收入：

借：银行存款/库存现金等

贷：其他业务收入

应交税费——应交增值税（销项税额）

【例4－22】通达公司2020年8月周转材料成本差异率为3%，当月领用塑料箱情况如下：

（1）一车间生产领用塑料箱，计划成本20 000元；

（2）二车间领用塑料箱作为一般耗用，计划成本5 000元；

（3）随同商品出售不单独计价领用塑料箱，计划成本10 000元；

（4）随同商品出售单独计价领用塑料箱，计划成本50 000元，取得塑料箱销售收入80 000元，增值税10 400元，款项已存入银行。

根据塑料箱领用的不同用途，其账务处理如下：

借：生产成本——基本生产成本——一车间（20 000＋20 000×3%）　　20 600

制造费用——基本生产车间——二车间（5 000＋5 000×3%）　　5 150

销售费用（10 000＋10 000×3%）　　10 300

其他业务成本（50 000＋50 000×3%）　　51 500

贷：周转材料——包装物——塑料箱　　85 000

材料成本差异——周转材料　　2 550

随同商品出售单独计价的塑料箱销售收入确认：

借：银行存款　　90 400

贷：其他业务收入　　80 000

应交税费——应交增值税（销项税额）　　10 400

3. 出租、出借包装物

出租、出借包装物大多是因销售商品暂时提供给其他企业使用的包装物。其中，出租包装物的成本通常用“其他业务成本”账户核算，出借包装物的成本以“销售费用”账户核算。出租、出借包装物按其业务频繁程度、数量多少和金额大小可以分别采用一次摊销法和五五摊销法。下面通过举例来介绍一次摊销法下出租、出借包装物的核算。

【例4－23】通达公司随同商品销售向理想公司出租编织袋100个，出借编织袋20个。编织袋单位实际成本为50元，每个收取押金50元。出租期间收取租金3 000元。出租、出借期满退回编织袋押金，经检验发现3个出借、6个出租的退回编织袋必须报废，每个回收残值5元。编织袋未曾使用过，要求采用一次摊销法核算。

（1）发出编织袋，根据领料单：

借：销售费用——包装物摊销　　1 000

其他业务成本——包装物（编织袋）　　5 000

贷：周转材料——包装物——编织袋　　6 000

（2）收取押金：

借：银行存款 6 000

贷：其他应付款——理想公司（存入保证金） 6 000

（3）收取租金：

借：银行存款 3 000

贷：其他业务收入——租金收入［3 000 ÷（1 +13%）］ 2 654.9

应交税费——应交增值税（销项税额） 345.1

（4）期满退回押金：

借：其他应付款——理想公司（存入保证金） 6 000

贷：银行存款 6 000

（5）回收报废的编织袋残值：

借：库存现金 45

贷：销售费用——包装物摊销 15

其他业务成本——包装物（编织袋） 30

实践操作

通达公司对周转材料采用一次摊销法核算。2020 年 7 月领用包装箱情况如下：

（1）7 月 3 日，基本车间生产领用包装箱，账面价值 15 000 元；

（2）7 月 4 日，领用包装箱用于包装销售产品，账面价值 6 000 元，单独计价；

（3）7 月 8 日，领用包装箱用于出租，账面价值 30 000 元，含税租金 10 000 元，增值税税率为 13%，押金 35 000 元，期满收回无破损；

（4）7 月 9 日，领用包装箱用于出借，账面价值 8 000 元，押金 9 000 元，期满收回无破损。

要求：对上述业务作出相关会计处理并正确填制记账凭证。

（二）低值易耗品领用的核算

低值易耗品属于劳动资料，可以在生产经营中周转使用，其物质形态基本不变，价值随着使用损耗而逐渐转移。低值易耗品领用时常用的摊销方法有一次摊销法和分次摊销法。

1. 一次摊销法

一次摊销法是指低值易耗品在领用时就按领用部门和用途将其账面价值全部一次性计入相关成本或费用的方法。报废时，收回残值冲减相关成本或费用。

【例 4 –24】 通达公司对低值易耗品采用一次摊销法核算。2020 年 8 月 19 日发出一批低值易耗品，实际成本是 8 500 元，其中管理部门领用 1 000 元，基本生产车间领用 6 000 元，对外销售 1 500 元。上月管理部门领用低值易耗品本月报废，收回残料 200 元并验收入库。

（1）低值易耗品领用，根据领料单：

借：管理费用　1 000

　　制造费用——基本生产车间　6 000

　　其他业务成本　1 500

　贷：周转材料—低值易耗品　8 500

（2）上月低值易耗品报废，根据残料入库单：

借：原材料——低值易耗品残料　200

　贷：管理费用　200

按计划成本计价时，无论采用哪种摊销方法都要结转成本差异。

2. 分次摊销法

分次摊销法是指低值易耗品按其估计使用次数或期限，平均摊销其损耗价值，分别计入有关成本、费用的方法。为了更好地反映低值易耗品使用情况，企业应在“周转材料——低值易耗品”账户下设“在库”“在用”和“摊销”3个明细账户。

注意：若低值易耗品估计使用次数为两次，则为五五摊销法。

【例4-25】通达公司对低值易耗品采用分次摊销法核算。该公司一车间2020年9月1日领用一批生产工具，实际成本3 000元。该工具估计使用次数为两次，领用时摊销一半价值，剩余一半报废时摊销。9月30日该批生产工具报废，收回残料100元并验收入库。

（1）领用全新低值易耗品，由在库转为在用：

借：周转材料——低值易耗品（在用）　3 000

　贷：周转材料——低值易耗品（在库）　3 000

（2）摊销生产工具价值的一半：

借：制造费用　1 500

　贷：周转材料——低值易耗品（摊销）　1 500

（3）报废摊销并收回残料：

借：制造费用　1 400

　　原材料——工具残料　100

　贷：周转材料——低值易耗品（摊销）　1 500

（4）冲销在用低值易耗品：

借：周转材料——低值易耗品（摊销）　3 000

　贷：周转材料——低值易耗品（在用）　3 000

【例4-26】通达公司对低值易耗品采用分次摊销法核算。2020年9月6日公司一车间领用20套专用工具，每套成本600元，共计12 000元。该工具的估计使用次数为4次，本次领用摊销1/4价值。11月19日第四次领用该套工具时报废，残料作为原材料入库，估价300元。

（1）领用全新低值易耗品，由在库转为在用：

借：周转材料——低值易耗品（在用）　　12 000

　贷：周转材料——低值易耗品（在库）　　12 000

（2）同时摊销 1/4 的价值：

借：制造费用（12 000 ÷ 4）　　3 000

　贷：周转材料——低值易耗品（摊销）　　3 000

第二次、第三次摊销与第一次摊销分录相同。

（3）第四次领用报废并收回残料：

借：制造费用　　2 700

　　原材料——工具残料　　300

　贷：周转材料——低值易耗品（摊销）　　3 000

（4）冲销在用低值易耗品：

借：周转材料——低值易耗品（摊销）　　12 000

　贷：周转材料——低值易耗品（在用）　　12 000

课堂讨论

生产经营领用原材料与领用周转材料的会计处理有何异同？

实践操作

通达公司对低值易耗品采用分次摊销法核算。机修车间 2020 年 7 月 1 日领用一批生产工具，实际成本 6 000 元。该工具估计使用次数为两次，领用时摊销一半价值，剩余一半报废时摊销。7 月 30 日该批生产工具报废，收回残料 500 元并验收入库。7 月 31 日，报废生产工具一批，实际成本 4 000 元，收回残料 200 元并验收入库。要求作出相关账务处理并正确填制记账凭证。

任务四　存货的期末计量与清查

学习情境一　存货的期末计量

一、存货期末计量的方法

根据谨慎性要求，在资产负债表日，为了不高估企业的存货价值，应当按照成本与可变现净值孰低法计量。

1. 成本与可变现净值孰低法

所谓成本与可变现净值孰低法，指将期末存货按照成本与可变现净值两者之中较低者进行计价的一种方法。即当成本低于可变现净值时，存货按成本计价；当可变现净值低于成本时，存货按可变现净值计价。

其中，“成本”是指存货的历史成本，即对发出存货按先进先出法、个别计价法、加权平均法计价时计算的期末存货实际成本。如果企业在存货日常核算中采用计划成本法核算方法，则成本应调整为存货的实际成本。“可变现净值”是指在企业日常生产经营过程中，以存货的估计售价减去至完工估计将要发生的成本、销售费用以及相关税费后的金额。

2. 存货减值的判断

企业应当在资产负债表日判断存货是否存在减值迹象。存货减值又称存货跌价，指存货的可变现净值低于存货成本。如果存在下列情况之一的，说明存货发生了减值：

（1）该存货的市场价格持续下跌，并且在可预见的未来没有回升的希望；

（2）企业使用该存货生产的产品成本大于产品的销售价格；

（3）企业因产品更新换代，原有存货已经不适应新产品的需要，而该存货的价格又低于其账面成本；

（4）因企业所提供的商品或劳务过时或消费偏好改变而使市场的需求发生变化，导致市场价格逐渐下跌；

（5）其他足以证明该存货实质上已经发生减值的情形。

3. 存货减值损失的确定

企业要对存在减值现象的存货进行减值测试，即比较其成本与可变现净值的大小。若存货成本大于可变现净值，一般认为存货发生了减值。

【例4－27】 通达公司2020年库存甲商品的成本为120 000元，其中1/4已经签订销售合同，合同价35 000元，剩余部分未签订销售合同，市场价80 000元，估计将发生销售费用分别为1 000元、3 900元。判断甲商品各部分是否发生减值。

（1）已签合同的甲商品可变现净值＝35 000－1 000＝34 000（元）

该部分甲商品成本＝120 000÷4＝30 000（元），成本低于可变现净值，未发生减值。

（2）未签合同的甲商品可变现净值＝80 000－3 900＝76 100（元）

该部分甲商品成本＝120 000×3÷4＝90 000（元）

未签合同的甲商品减值金额＝90 000－76 100＝13 900（元）

课堂讨论

如何判断和计算存货发生的减值？

存货减值的计算与核算

二、存货减值的核算

1. 账户设置

当企业期末存货成本大于其可变现净值时，应当计提存货跌价准备，计入当期损益。为了核算计提的存货跌价准备，企业应设置“资产减值损失”和“存货跌价准备”账户。

（1）“资产减值损失”账户

该账户属于损益类账户，用来核算企业各项资产因减值或跌价而造成的损失。借方登记各种资产发生的减值或跌价金额，贷方登记冲减和结转的各项资产减值或跌价金额，期末将本账户金额结转入“本年利润”账户后无余额。该账户按资产项目或类别进行明细核算。

（2）“存货跌价准备”账户

该账户属于资产类账户，是“原材料”“库存商品”等存货类账户的抵减账户，用于核算企业因存货减值及减值变动而提取的跌价准备。借方登记存货跌价准备的转销、存货减少时跌价准备的转出和因存货价值恢复而恢复的跌价金额，贷方登记企业存货可变现净值低于存货成本的差额，期末余额在贷方，表示企业已计提尚未转销的存货跌价准备。该账户按存货项目或类别进行明细核算。

2. 账务处理

（1）若期末存货成本大于可变现净值。

借：资产减值损失

　　贷：存货跌价准备

【例4－28】通达公司按成本与可变现净值孰低法对期末存货进行计价，并按单个存货项目计提存货跌价准备。2019年12月31日甲、乙两种商品的成本分别为800万元、720万元，可变现净值分别为650万元、700万元。

该企业甲、乙商品成本均高于可变现净值，其中，甲商品应计提存货跌价准备＝800－650＝150（万元），乙商品应计提存货跌价准备＝720－700＝20（万元）。账务处理如下：

借：资产减值损失——甲　　　　1 500 000

　　　　　　　　——乙　　　　200 000

　　贷：存货跌价准备——甲　　　　1 500 000

　　　　　　　　　——乙　　　　200 000

（2）存货跌价准备的转回。

以前减记存货价值的影响因素已经消失的，减记的金额应当予以恢复，并在原已计提的存货跌价准备的金额内转回，转回的金额计入当期损益。

借：存货跌价准备

　　贷：资产减值损失

【例4－29】接例4－28资料，若乙商品自2020年1月以来市场价格有所上升，预计可变现净值为715元，则乙商品应计提跌价准备＝720－715＝5（万元）。因已经计提20万元，应转回15（20－5）万元。

借：存货跌价准备——乙　　　　150 000

　　贷：资产减值损失——乙　　　　150 000

（3）存货跌价准备的结转。

企业如果销售计提了跌价准备的存货，则应在结转销售成本的同时，结转已计提的存货跌价准备，计入当期损益。如果企业销售了部分计提跌价准备的存货或是按类别计提存货跌价准备的，则应按销售比例结转相应的存货跌价准备。计算公式如下：

$$\text{因销售、债务重组、非货币性交易应结转的存货跌价准备} = \frac{\text{上期末该类（项）存货计提的存货跌价准备账面余额}}{\text{上期末该类（项）存货的账面余额}} \times \text{因销售、债务重组、非货币性交易而转出的存货账面余额}$$

相关账务处理如下：

借：主营业务成本

　　存货跌价准备

　贷：库存商品

【例4－30】接例4－28资料，假若2019年12月31日上述甲商品账面历史成本800万元，销售后账面历史成本为200万元。甲商品结转部分销售成本时，应同时结转相应的已计提存货跌价准备。

甲商品已销售部分成本＝800－200＝600（万元）

甲商品已销售部分对应的已计提存货跌价准备＝150×600÷800＝112.5（万元）

借：主营业务成本	4 875 000	
存货跌价准备——甲	1 125 000	
贷：库存商品——甲		6 000 000

课堂讨论

如何确定本期应计提的存货跌价准备金额？

实践操作

通达公司按成本与可变现净值孰低法对期末存货进行计价，并按单个存货项目计提存货跌价准备。2020年2月28日A、B、C三种存货的成本分别为100万元、80万元、280万元，可变现净值分别为95万元、73万元、260万元。3月31日存货B市场价格有所上升，预计其可变现净值为76万元；4月30日存货B市场价格持续上升，以前造成存货B减值的因素已消失，存货C销售后账面历史成本变为160万元。请作出相关会计处理并正确填制记账凭证。

学习情境二　存货清查

资产负债表日，企业必须进行存货清查。存货清查是指企业通过对存货的盘点，确定存货的实有数，并与账面记录数量进行核对，从而确定存货实存数与账存数是否相符的一种方法。

一、存货清查的方法与结果

1. 清查方法

存货清查的方法

（1）定期盘存和不定期盘存。

按盘存时间分为定期盘存和不定期盘存。定期盘存一般在季末、年末进行；不定期盘存是指临时性盘存，如发生事故损失、仓库保管员工作交接、存货调价等情况的盘存。

（2）实地盘存和永续盘存。

按盘存制度分为实地盘存和永续盘存。实地盘存就是平时只登记存货的收入，不登记支出，期末通过实地盘点存货数量，确定存货的期末库存，倒计出存货支出；永续盘存是平时完整登记存货的收入、支出和结存，通过盘点核对存货账面登记数量与实际库存数量是否相符。

存货清查主要采用的是实地盘点法，指根据存货的特点和性质，采用一定方法，运用计量工具，在存货储备地点清点实物数量，鉴定存货质量。

企业应当定期或不定期对存货进行盘点和抽查，以确定存货实有数量，并与账面核对，确保账实相符。企业至少应当在编制年度财务会计报告之前，对存货进行一次全面的清查盘点。

2. 清查结果

企业清查结束，应根据清查结果，填写存货盘点报告表。存货清查可能的结果有两种情况：账实相符、账实不符（盘盈、盘亏）。其中，盘盈即存货实存数大于账面数；盘亏即存货实存数小于账面数。

对于账实不符的存货，应及时查明原因、分清责任，并根据管理权限报经批准处理后，在期末结账前处理完毕。如果盘盈或盘亏的存货在期末结账前尚未经批准，在对外提供财务会计报告时，应先按规定的方法进行会计处理，并在会计报表附注中作出说明。

二、存货清查的核算

1. 存货盘盈

存货发生盘盈，按照同类或类似存货的市场价格作为实际成本及时登记入账。

（1）发现盘盈，原因待查：

借：原材料/周转材料/库存商品等

　贷：待处理财产损溢——待处理流动财产损溢

（2）查明原因，报经批准处理：

借：待处理财产损溢——待处理流动财产损溢

贷：管理费用

2. 存货盘亏

存货发生盘亏时，应按照其账面价值及时转销。报经批准处理后，根据造成盘亏的原因，分别进行会计处理。涉及增值税的，还应进行相应处理。

（1）发现盘亏，原因待查：

借：待处理财产损溢——待处理流动财产损溢

　贷：原材料/周转材料/库存商品等

（2）查明原因，报经批准分别处理：

借：原材料等　　　　　　　　（毁损材料的残值）

　　管理费用　　　　　　　　（定额内自然损耗、收发计量差错和管理不善等）

　　其他应收款　　　　　　　（过失人或保险公司赔偿）

　　营业外支出　　　　　　　（自然灾害或意外事故等非常原因）

　贷：待处理财产损溢——待处理流动财产损溢

存货按计划成本计价时，盘亏、毁损的存货应分摊成本差异；非正常损失的存货外购时支付的增值税应一并转入“待处理财产损溢”账户。

【例4－31】 通达公司对存货采用实际成本法核算。2020年6月该公司在存货清查时发现，甲材料盘盈1 200元，乙材料盘亏900元，填写存货盘点报告表（见表4－6）。经查明，甲材料盘盈系收发计量错误造成，乙材料因保管不善造成霉烂变质，由过失人刘某赔偿部分损失600元，其余计入管理费用。

表4－6　　　　　　**存货盘点报告表**

存货类别	名称规格	计量单位	盘盈			盘亏			原因
			数量	单价（元）	金额	数量	单价（元）	金额	
原材料	甲材料	千克	100	12	1 200				收发计量错误
	乙材料	千克				50	18	900	保管不善
合计					1 200			900	

（1）根据清查结果调整存货账面金额。

借：原材料——甲材料　　　　　　　　1 200

　贷：待处理财产损溢——待处理流动财产损溢　　　　1 200

借：待处理财产损溢——待处理流动财产损溢　　　　900

　贷：原材料——乙材料　　　　　　　　900

（2）根据不同原因，分别对盘盈盘亏结果进行处理。

借：待处理财产损溢——待处理流动财产损溢　　　　1 200

　贷：管理费用　　　　　　　　1 200

借：其他应收款——刘某　　600
　　管理费用　　417
　贷：待处理财产损溢——待处理流动财产损溢　　900
　　　应交税费——应交增值税（进项税转出）　　（900×13%）117

课堂讨论

存货盘盈与盘亏在会计处理上有何区别？

实践操作

通达公司对存货采用实际成本法核算。2020 年 10 月清查结果如下：盘盈甲材料 2 000元，系计量差错造成；盘亏乙材料 10 000 元，系台风刮走，由保险公司赔偿6 000 元，增值税税率为 13%；盘亏 A 产品 5 000 元，系管理不善造成，保管员王某应负主要责任。要求作出相关的账务处理并正确填制记账凭证。

本项目小结

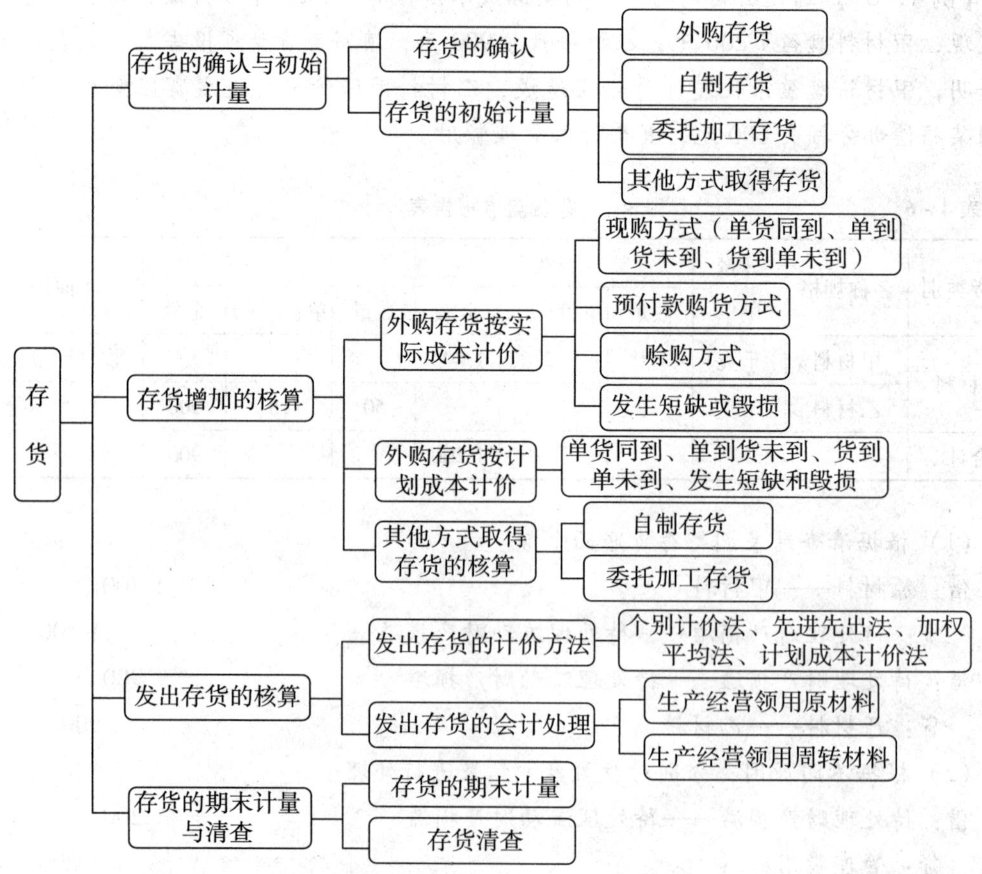

项目五　固定资产

♂ 知识目标

1. 理解固定资产的确认与初始计量；
2. 掌握固定资产增加、后续支出、减值以及处置的核算程序；
3. 熟悉固定资产折旧的计算方法。

能力目标

1. 熟练进行固定资产增加的核算；
2. 具备固定资产折旧计算与核算的能力；
3. 具备固定资产后续计量的能力；
4. 熟练掌握固定资产减值和处置的核算。

案例导入

刚入职的财务小李满脸愁云，最近因为岗位轮换，小李被调派去处理固定资产。恰巧企业正在筹建新的项目，她不知道如何来记录这笔经济业务，偏偏师傅又出差去了。正当她心急如焚时，财务老王进来了。她像发现了救星一样赶紧跑过去请教财务老王。

小李："王哥，能请教一下您吗?"

老王："什么事呢?"

小李："我师傅让我自己来处理账务，可是现在我弄不清企业自行建造固定资产的一些小细节，不知道哪些支出可以计入固定资产成本中。所以想请您给我讲讲，可以吗?"

老王一听笑了："还以为是什么大事情呢，好吧，我用一个例子说明它的处理方法吧（他随手拿起桌上的几张票据）。前几年我们企业为了建造一个仓库，专门购买了一些工程物资，施工开始后，不仅领用了那批工程物资，还领用了已有的原材料，花费了人工成本和辅助性成本。如何来处理呢？首先，将领用的工程物资成本转入'在建工程'账户；其次，将领用的原材料、花费的人工成本和辅助性成本都一一转入'在建工程'账户，同时要注意将原材料购买的进项税也一并转入该账户；再次，竣工达到预定可使用状态时汇总上述‘在建工程’账户的总金额，并将它全部转入‘固定资产’账户；最后，别忘了如果还有没用完的工程物资，需要作为原材料入库。好了，我说完了，你明白了吗?”

小李：“嗯，非常明白。谢谢王哥。”（小李高兴地奔回自己的工作位置）

问题思考：如果案例企业不是自己建造固定资产，而是采取出包工程方式或外购方式取得固定资产，那么小王又该如何记录这笔经济业务呢?

任务一　固定资产的确认与初始计量

学习情境一　固定资产的确认与分类

一、固定资产的定义和特征

1. 固定资产的定义

固定资产是为生产产品、提供劳务、出租或经营管理而持有的、使用年限超过一年、单位价值较高的有形资产，包括企业的主要劳动资料和非生产经营用的房屋、设备。

2. 特征

企业的固定资产通常具备以下特征。

（1）具有实物形态。固定资产都是作为实体存在的有形资产，如房屋、建筑物、机器设备等。

（2）持有目的是生产产品、提供劳务、出租或经营管理的需要。

（3）可供企业长期使用。固定资产属于长期耐用资产，其使用寿命超过一个会计年度，能在一年以上的时间里为企业创造经济利益。在使用过程中，通过维护和修理，能够保持固定资产应有的功能。

（4）单项价值较高。固定资产单项价值一般较高，比如，有的企业规定，在一定限额以上的资产才算固定资产，限额以下则为低值易耗品。

（5）价值逐渐转移。固定资产价值会随着使用以折旧的形式逐渐转移到产品成本中，通过产品销售得到补偿。

二、固定资产的确认条件

一项资产若要作为固定资产加以确认，既要符合固定资产的定义，还必须同时满足以下条件。

（1）与该固定资产有关的经济利益很可能流入企业。

在实务中，企业确认固定资产时，主要通过判断与该固定资产所有权相关的风险和报酬是否转移到了企业来确定。通常，取得固定资产所有权是判断与固定资产所有权相关的风险和报酬是否转移到企业的一个重要标志。但是，是否拥有所有权不是判断的唯一标准，如融资租赁就是比较典型的情况。某项固定资产的所有权虽然不属于企业，但是企业却能够控制与该项固定资产相关的经济利益流入企业，与该固定资产所有权相关的风险和报酬实质上已经转移到了企业，因此，符合固定资产确认的第一个条件。

（2）该固定资产成本能够可靠地计量。

企业要确认固定资产，与取得该固定资产相关的支出必须能够可靠地计量。确定固定资产的成本时，有时需要根据所获得的最新资料，对固定资产成本进行合理估计。若企业能够合理估计出固定资产的成本，则视同固定资产的成本能够可靠地计量。

三、固定资产的分类

面对企业中数量众多的固定资产，为了便于管理和价值核算，需要对固定资产进行科学分类。

1. 固定资产按经济用途分类

（1）生产经营用固定资产，指直接参加或服务于生产经营过程的各种固定资产，如用于生产经营的厂房、其他建筑物、机器设备、运输设备和工器具等。

（2）非生产经营用固定资产，指不直接服务于生产经营过程的各种固定资产，如职工宿舍、食堂、浴室、理发室等使用的房屋、设备和其他固定资产等。

2. 固定资产按使用情况分类

（1）使用中固定资产，指正在使用的生产经营用和非生产经营用固定资产，包括季节性或大修理等原因而暂停使用的固定资产，以及以经营租赁方式租给其他单位使用的固定资产。

（2）未使用固定资产，指已完工或已构建的、尚未交付使用的新增固定资产，以及因改建、扩建等暂停使用的固定资产。

（3）不需用固定资产，指本企业多余或不适用，需要调配处理的各种固定资产。

3. 固定资产按所有权分类

（1）自有固定资产，指企业所拥有的可供长期使用的固定资产。

（2）租入固定资产，指企业从外单位租入，供企业在一定时期内使用的固定资产。租入固定资产可分为经营租入固定资产和融资租入固定资产。

此外，固定资产还可以按经济用途和使用情况综合分类，分为生产经营用固定资产、非生产经营用固定资产、租出固定资产、不需用固定资产、未使用固定资产、土地和融资租入固定资产。

课堂讨论

企业如何确认一项资产作为固定资产？

学习情境二　固定资产的初始计量

固定资产的初始计量是指固定资产初始成本的确定。固定资产应按成本进行初始计量。固定资产成本是指企业购建某项固定资产达到预定可使用状态前所发生的一切合理、必要的支出。固定资产不同的取得方式决定了其初始入账成本。

一、外购固定资产

外购方式是企业取得固定资产的主要方式和重要途径。外购固定资产成本为实际支付的全部价款，包括买价、进口关税、消费税等，以及为使固定资产达到预定可使用状态前所发生的可直接归属于该资产的其他支出，如运输费、装卸费、安装费和专业人员服务费等。外购固定资产成本的计算公式如下：

外购固定资产成本 = 购买价款 + 相关税金 + 其他可直接归属的支出（如运输费、装卸费、安装费和专业人员服务费等）

其中，购买价款一般根据购买固定资产的发票金额确定。相关税费是指购买固定资产时所支付的消费税、进口关税、资源税、契税、车辆购置税等。我国自 2009 年起增值税管理由生产型向消费型转变，对于企业外购固定资产所含的增值税进项税额允许一次性扣除，所以该增值税不能计入固定资产成本。

相关财税政策：2016 年 5 月 1 日以后购买的房屋、建筑物等不动产，其增值税进项税额根据有关规定分 2 年从销项税额中抵扣，第一年抵扣比例为 60%，剩余 40% 为待抵扣进项税额，于取得完税凭证的当月起第 13 个月抵扣。但是，自 2019 年 4 月 1 日起，纳税人取得不动产或者不动产在建工程的进项税额不再分 2 年抵扣。此前按照《营业税改征增值税试点有关事项的规定》（财税〔2016〕36 号）第一条第（四）项第 1 点、第二条第（一）项第 1 点的规定尚未抵扣完毕的待抵扣进项税额，可自 2019 年 4 月税款所属期起从销项税额中抵扣。

小规模纳税人购进固定资产的进项税额不得抵扣。

二、自行建造固定资产

自行建造固定资产成本由建造该项资产达到预定可使用状态前所发生的必要支出，如领用的工程物资成本、相关税金、原材料成本、人工成本、辅助劳务成本、应予资本化的借款费用以及应分摊的间接费用等构成。符合资本化的借款费用应计入自行建造固定资产的成本。自行建造固定资产成本的计算公式如下：

自行建造固定资产成本 = 领用的工程物资成本 + 相关税金 + 原材料成本 + 人工成本 + 辅助劳务成本 + 资本化的借款费用 + 分摊的间接费用等

三、其他方式取得的固定资产

（1）投资者投入的固定资产，其成本应当按照投资合同或协议约定的价值确定，但合同或协议约定价值不公允的除外。

（2）融资租入取得的固定资产，其成本按租赁开始日租赁资产的公允价值与最低租赁付款额现值两者中较低者，加上在租赁谈判和签订租赁合同过程中发生的，可直接归属于租赁项目的手续费、律师费、差旅费、印花税等初始直接费用，作为租入固定资产的入账价值。

（3）接受捐赠的固定资产，若捐赠方提供了有关凭据的，其成本按凭据上标明的金额加上应支付的相关税费入账；如果捐赠方未提供有关凭据，其成本按其市价或同类、类似固定资产的市场价格估计的金额，加上由企业负担的运输费、保险费、安装调试费等入账或按照捐赠固定资产的预计未来现金流量的现值入账。

此外，还有盘盈的固定资产、经批准无偿调入的固定资产等。其成本按照企业会计准则规定计算。

课堂讨论

企业固定资产最常见的取得方式有哪些？如何确定各自的成本？

实践操作

通达公司 2020 年 10 月 16 日购入一台需要安装的设备，取得的增值税专用发票上注明的设备价款 150 000 元，增值税税率为 13%，发生的运输费 1 500 元（假定不计税），保险费为 1 000 元，安装服务费 3 000 元，均以银行存款转账支付。要求计算固定资产的初始成本。

任务二　固定资产增加的核算

学习情境一　外购固定资产

一、账户设置

为了核算固定资产取得和使用情况，企业应设置“固定资产”“在建工程”“工程物资”等账户。

（1）“固定资产”账户。

该账户属于资产类账户，用来核算企业所有固定资产的原始价值，借方登记增加固定资产的原始价值，贷方登记减少固定资产的原始价值，期末余额在借方，反映企业现有固定资产的原始价值。该账户可按固定资产类别和项目进行明细核算。融资租入的固定资产，可在本科目设置“融资租入固定资产”明细科目。

（2）“在建工程”账户。

该账户属于资产类账户，用来核算企业基建、更新改造、安装等项目发生的支出，借方登记企业工程建设所发生的各项支出，贷方登记工程完工交付转出的成本，期末余额在借方，反映企业尚未达到预定可使用状态的在建工程成本。该账户可按单项工程或按“建筑工程”“安装工程”“在安装设备”“待摊支出”等进行明细核算。

（3）“工程物资”账户。

该账户属于资产类账户，用来核算企业为在建工程准备的各种物资成本，包括工程用材料、尚未安装的设备以及为生产准备的工器具等。借方登记购入为工程准备的各种物资，贷方登记领用工程物资和工程完工后转作本企业存货的剩余工程物资，期末余额在借方，反映企业为在建工程准备的各种物资成本。该账户可按“专用材料”“专用设备”“工器具”等进行明细核算。

二、账务处理

外购固定资产分为购入不需要安装的固定资产和购入需要安装的固定资产两种情况。

1. 购入不需要安装的固定资产

购买时，企业应按实际支付款项，包括买价、相关税费以及其他可直接归属的支出，作出如下处理：

借：固定资产——××固定资产

　　应交税费——应交增值税（进项税额）

　贷：银行存款/应付账款/应付票据等

【例5-1】2020年3月9日通达公司购入一台不需要安装的设备，取得增值税专用发票上注明的设备价款150 000元，增值税为19 500元，发生运输费3 000元（假定不计税）、保险费为2 000元，以银行存款转账支付。

固定资产的初始成本=150 000+2 000+3 000=155 000（元）

借：固定资产——设备　　155 000

　　应交税费——应交增值税（进项税额）　　19 500

　贷：银行存款　　174 500

【例5-2】2020年5月23日通达公司从甲公司购入2020年4月建成的厂房一栋，

增值税专用发票上注明的价款 2 000 000 元，增值税 200 000 元（选择一般计税方法，按 10% 计算）。款项已通过银行转账支付。

借：固定资产——厂房　　2 000 000
　　应交税费——应交增值税（进项税额）　　200 000
　贷：银行存款　　2 200 000

2. 购入需要安装的固定资产

如果企业购入的是需要安装的固定资产，则需安装和调试，符合要求才能交付使用。

（1）购买固定资产安装所需的工程物资。

借：工程物资
　　应交税费——应交增值税（进项税额）
　贷：银行存款

（2）进行安装，并支付安装成本。

借：在建工程
　贷：工程物资
　　　原材料
　　　银行存款

（3）安装完毕达到预定可使用状态时，结转成本。

借：固定资产——××固定资产
　贷：在建工程

【例 5－3】 2020 年 5 月 13 日通达公司购入一台需要安装的专用设备，取得的增值税专用发票上注明的设备价款为 300 000 元，增值税为 39 000 元，支付的装卸费为 2 000元，款项已通过银行转账支付；安装设备时领用原材料一批，其账面成本为 10 000元，未计提存货跌价准备；支付安装成本 3 500 元。假定不考虑其他相关税费。

（1）购买安装所需的工程物资。

借：工程物资——专用设备（300 000＋2 000）　　302 000
　　应交税费——应交增值税（进项税额）　　39 000
　贷：银行存款　　341 000

（2）进行安装，并支付安装成本。

借：在建工程——专用设备　　315 500
　贷：工程物资——专用设备　　302 000
　　　原材料　　10 000
　　　银行存款　　3 500

（3）安装完毕达到预定可使用状态时，结转成本。

借：固定资产——专用设备　　315 500

贷：在建工程——专用设备　　315 500

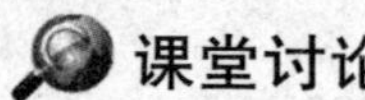

企业外购固定资产有哪几种情况？这些情况下外购固定资产的会计处理有何异同？

外购固定资产账务处理总结

实践操作

通达公司2020年9月3日购入一台需要安装的设备，取得增值税专用发票上注明的设备价款为200 000元，增值税税率为13%，支付运杂费4 500元（假定不计税），款项已通过银行转账支付；安装设备时领用原材料一批，其账面成本为18 000元，未计提存货跌价准备；应支付安装工人工资5 000元，福利费700元。9月15日安装完工，设备达到预定可使用状态。假定不考虑其他相关税费。要求：对通达公司上述业务进行账务处理并正确填制记账凭证。

学习情境二　自行建造固定资产

自行建造的固定资产按照营建方式的不同，可以分为自营工程和出包工程两种方式。

一、自营工程

自营工程是企业利用自身生产能力进行的固定资产建造工程，相关账务处理如下所示。

（1）购入为工程准备的工程物资：

借：工程物资

　　应交税费——应交增值税（进项税额）

　贷：银行存款/应付账款/应付票据等

（2）领用工程物资：

借：在建工程

　贷：工程物资

（3）工程耗用材料、人工等其他费用：

借：在建工程

　贷：原材料/库存商品　　（耗用的原材料或库存商品）

　　　应付职工薪酬　　（工程人员薪酬）

　　　生产成本——辅助生产成本　　（辅助生产部门供水、供电等劳务支出）

若涉及外购存货被耗用于集体福利工程的，应将其支付的增值税转入工程成本。

（4）工程完工交付使用：

借：固定资产

　贷：在建工程

【例5-4】 通达公司采用自营方式制造一台设备，2020年5月3日购入工程物资，取得增值税专用发票上注明的价款60 000元，增值税7 800元，款项通过银行转账支付；5月11日工程开工，当日领用工程物资56 000元；5月13日领用甲材料一批，实际成本5 000元，领用A产品若干件，实际成本8 000元；5月至8月公司为工程提供水电费支出4 500元，支付工程人员工资9 000元，支付其他费用3 000元（已通过银行转账支付）。8月底工程完工并达到预定可使用状态。多余工程物资作为原材料入库。

（1）2020年5月3日购入工程物资：

借：工程物资　　60 000

　　应交税费——应交增值税（进项税额）　　7 800

　贷：银行存款　　67 800

（2）2020年5月11日领用工程物资：

借：在建工程——设备　　56 000

　贷：工程物资　　56 000

（3）2020年5月13日领用甲材料、A产品：

借：在建工程——设备　　13 000

　贷：原材料——甲材料　　5 000

　　　库存商品——A产品　　8 000

（4）结转应由工程负担的水电费支出：

借：在建工程——设备　　4 500

　贷：生产成本——辅助生产成本　　4 500

（5）结转工程应负担的人工费和其他费用：

借：在建工程——设备　　12 000

　贷：应付职工薪酬——工资　　9 000

　　　银行存款　　3 000

（6）工程完工达到预定可使用状态：

结转的工程总成本＝56 000＋13 000＋4 500＋12 000＝85 500（元）

借：固定资产——设备　　85 500

　贷：在建工程——设备　　85 500

（7）多余工程物资作为原材料入库：

借：原材料——工程余料　　4 000

　贷：工程物资　　4 000

二、出包工程

出包工程是指企业通过招标等方式将工程项目发包给建造商，由建造商组织施工建造和安装工程。相关账务处理如下。

（1）预付工程款：

借：在建工程

　　应交税费——应交增值税（进项税额）

　贷：银行存款

（2）工程完工验收：

借：固定资产

　贷：在建工程

【例5－5】通达公司2020年6月10日将新建厂房出包给明发建筑公司，合同造价900 000元。6月15日按合同规定预付工程款，取得增值税专用发票上注明的价款为600 000元，增值税为66 000元；11月5日工程完工验收，达到预定可使用状态，补付剩余工程款，取得增值税专用发票上注明的价款为300 000元，增值税为33 000元，所有款项均通过银行转账支付。

（1）2020年6月15日预付工程款：

借：在建工程——厂房	600 000	
应交税费——应交增值税（进项税额）	66 000	
贷：银行存款		666 000

（2）11月5日补付剩余工程款：

借：在建工程——厂房	300 000	
应交税费——应交增值税（进项税额）	33 000	
贷：银行存款		333 000

（3）工程完工验收，达到预定可使用状态：

借：固定资产——厂房	900 000	
贷：在建工程——厂房		900 000

课堂讨论

企业自行建造固定资产的两种方式在会计处理上有何不同？

实践操作

自行建造固定资产账务处理总结

通达公司2020年6月准备自行建造一座厂房，6月5日购入为工程准备的物资一批，价款为200 000元，增值税税率为13%，款项以银行存款支付。6月至11月，先后两次分别领用工程物资为135 000元和50 000元；剩余工程物资转为公司存货。领用生产用原材料一批，实际成本为30 000元，未计提存货跌价准备，辅助生产车间为工程提供劳务支出20 000元；支付工程人员工资50 000元、福利费7 000元；11月底，工程达到预定可使用状态并交付使用。假定不考虑其他相关税费。要求：对通达公司上述业务进行账务处理并正确填制记账凭证。

学习情境三　其他方式取得固定资产

一、投资者投入的固定资产

企业接受外单位以固定资产作为投资。对外单位投入的固定资产，应按投资合同或协议约定的价值作为其成本，但合同或协议约定价值不公允的，应以公允价值计量，公允价值与合同约定价之间的差额计入资本公积。

借：固定资产

　　资本公积

　贷：实收资本或股本

【例5-6】 2020年7月15日，通达公司接受乙公司投入的固定资产一台，乙公司记录的该项固定资产的账面原价为90 000元，已提折旧10 000元；通达公司接受投资时，双方同意按原固定资产净值确认投资额，经评估该固定资产价格为60 000元。

	借方	贷方
借：固定资产	60 000	
资本公积	20 000	
贷：股本		80 000

二、接受捐赠的固定资产

接受捐赠的固定资产，捐赠方提供了有关凭据的，按凭据上标明的金额加上应支付的相关税费，作为固定资产的成本；如果捐赠方未提供有关凭据，则按其市价或同类、类似固定资产的市场价格估计的金额，加上由企业负担的运输费、保险费、安装调试费等作为固定资产成本。

接受捐赠时，按确定的实际成本：

借：固定资产

　贷：营业外收入——捐赠利得

【例5-7】 通达公司2020年8月9日接受A公司捐赠固定资产一台，其公允价值为400 000元。同时发生安装调试费3 000元。

	借方	贷方
借：固定资产	403 000	
贷：营业外收入——捐赠利得		400 000
银行存款		3 000

三、盘盈的固定资产

盘盈的固定资产应作为会计差错更正来处理。

【例5－8】通达公司2020年12月底在财产清查中，发现多出机器设备一台，其公允价值为50 000元。该公司所得税税率为25%，提取法定盈余公积的比例为10%。

（1）盘盈时：

借：固定资产　　50 000

　贷：以前年度损益调整　　50 000

（2）计算应交所得税：

借：以前年度损益调整　　12 500

　贷：应交税费——应交所得税　　12 500

（3）计提盈余公积并增加未分配利润：

借：以前年度损益调整　　37 500

　贷：盈余公积——法定盈余公积　　3 750

　　　利润分配——未分配利润　　33 750

课堂讨论

企业以接受投资和捐赠方式取得固定资产应如何进行会计核算？

任务三　固定资产的后续计量

固定资产后续计量是指固定资产在其存续期间价值的变化以及最终价值的确定。主要包括固定资产折旧的计提、减值损失的确定和后续支出的计量3项业务。

学习情境一　固定资产折旧

一、固定资产折旧的概念与范围

1. 固定资产折旧的概念

固定资产折旧是指固定资产在使用寿命内，按照确定的方法对应计折旧额进行的系统分摊。其中，使用寿命是指企业使用固定资产的预计期数或生产产品、提供劳务的总数量。关于固定资产最低折旧年限有明确规定：房屋、建筑物20年；飞机、火车、轮船、机器、机械和其他生产设备10年；与生产经营活动相关的器具、工具、家具等5年；飞机、火车、轮船以外的运输工具4年；电子设备3年。应计折旧额是指应当计提折旧的固定资产原价扣除其预计净残值后的余额，有减值迹象的固定资产，还应当扣除已计提减值准备累计金额。

企业应当根据固定资产的性质和使用情况，合理确定固定资产的使用寿命和预计净残值。固定资产的使用寿命和预计净残值一经确定，不得随意变更。

2. 固定资产折旧的范围

除了已提足折旧仍继续使用的固定资产、单独估价入账的土地等以外，企业应对所有固定资产计提折旧。其中，提足折旧是指已经提足该项固定资产的应计折旧额。

在具体确定固定资产折旧范围时，还需注意以下方面。

（1）固定资产应当按月计提折旧，当月增加的固定资产当月不计提折旧，从下月起计提折旧；当月减少的固定资产当月仍计提折旧，从下月起不再计提折旧。固定资产提足折旧后，不管能否继续使用，均不再提取折旧；提前报废的固定资产，也不再补提折旧。

（2）已经达到预定使用状态但尚未竣工决算的固定资产，应当按照估价确定其成本，并计提折旧；待竣工决算后，再按实际成本调整原来估价，但不需要调整原计提折旧额。

（3）融资租入的固定资产，应当采用与自有应计提折旧资产一致的折旧政策。能够确定租赁期满时将会取得租赁资产所有权的，应在其尚可使用期限内计提折旧；无法合理确定的，应当在租赁期与尚可使用期限中选择较短者作为计提折旧的期间。

（4）处于更新改造过程而停用的固定资产，应将其账面价值转入在建工程，不再计提折旧。更新改造完成转为固定资产后，再按新的使用寿命、预计净残值和折旧方法计提折旧。

（5）因大修理而停用的固定资产，应当照提折旧，计提折旧应计入相关资产成本或当期损益。

（6）持有待售的固定资产停止计提折旧。

课堂讨论

我国对固定资产的折旧范围是如何规定的？

二、固定资产折旧方法

企业应当根据与固定资产相关的经济利益预期实现方式，合理选择固定资产折旧方法。

可供企业选择的折旧方法包括年限平均法、工作量法、双倍余额递减法和年数总和法。其中，双倍余额递减法和年数总和法又称为加速折旧法。

1. 年限平均法

年限平均法又称直线法，是将固定资产折旧按照预计使用寿命平均分摊的一种方法。采用这种方法计算的每期折旧额都是相等的。其计算公式如下：

固定资产年折旧额 =（固定资产原值 - 预计净残值）÷预计使用年限

= 固定资产原值 ×（1 - 预计净残值率）÷预计使用年限

在实务中，固定资产折旧是根据折旧率计算的。其计算公式如下：

年折旧率 = 年折旧额 ÷ 固定资产原值 ×100%

= （1 - 预计净残值率）÷预计使用年限 ×100%

月折旧率 = 年折旧率 ÷12

月折旧额 = 固定资产原值 × 月折旧率

其中，预计净残值率 = 预计净残值 ÷ 固定资产原值 ×100%

预计净残值 = 预计残值 - 预计清理费用

【例5-9】 通达公司拥有生产设备一台，原值50 000元，预计残值2 000元，预计清理费用600元，预计使用10年。则该设备的折旧额和折旧率计算如下：

年折旧额 =（50 000 -2 000 + 600）÷10 =48 600 ÷10 =4 860（元）

月折旧额 =4 860 ÷12 =405（元）

年折旧率 =4 860 ÷50 000 ×100% =9.72%

月折旧率 =9.72% ÷12 =0.81%

课堂讨论

什么是年限平均法？企业如何利用该方法计算固定资产折旧？

2. 工作量法

工作量法是指根据固定资产预计完成的总工作量计算每期折旧的方法。工作量法适用于价值大、不经常使用，或生产变化大、磨损不均衡的大型、专用设备。由于总工作量有总工作小时、总工作台班和总行驶里程，所以工作量法分为工作小时法、工作台班法和行驶里程法。采用工作量法，固定资产每期计提的折旧额与当期完成的工作量成正比。计算公式可表示如下：

单位工作量折旧额 =（固定资产原值 - 预计净残值）÷ 预计总工作量

= ［固定资产原值 ×（1 - 预计净残值率）］÷预计总工作量

某项固定资产当月折旧额 = 该项固定资产当月工作量 × 单位工作量折旧额

【例5-10】 通达公司拥有汽车一辆，原值300 000元，预计净残值率为5%，预计总行驶里程500 000公里，本月实际行驶6 000公里。则本月计提折旧额如下：

本月折旧额 =300 000 ×（1 -5%）÷500 000 ×6 000 =0.57 ×6 000 =3 420（元）

3. 双倍余额递减法

为了促使固定资产的大部分成本在使用早期尽快得到补偿，企业有时候会采用加速折旧的方法。我国会计准则规定可以允许企业采取的加速折旧方法有双倍余额递减法和年数总和法两种。

双倍余额递减法是以双倍的直线折旧率作为加速折旧率，乘以各年年初固定资产账面净值计算各年折旧额的方法。采用该折旧方法，各年的折旧率是固定相同的，折旧额呈现递减趋势。

在计提折旧时，要注意各年计提折旧后，固定资产账面净值不能低于预计固定资产残值，即实行双倍余额递减法计提折旧的固定资产，应当在其固定资产折旧年限到期以前两年内，将固定资产净值扣除预计净残值后的余额平均摊销。计算公式如下：

年折旧率 = 2 ÷ 预计使用年限 × 100%

月折旧率 = 年折旧率 ÷ 12

年折旧额 = 年初固定资产账面净值 × 年折旧率

月折旧额 = 月初固定资产账面净值 × 月折旧率

加速折旧法

【例 5－11】 通达公司拥有设备一台，原值 50 000 元，预计净残值 2 000 元，预计使用 5 年，采用双倍余额递减法计提各年折旧额。

年折旧率 ＝ 2 ÷ 5 × 100% ＝ 40%

各年折旧额计算如表 5－1 所示。

表 5－1　　**折旧计算表（双倍余额递减法）**　　单位：元

年次	年初账面净值	折旧率	折旧额	累计折旧额	年末账面净值
1	50 000	40%	20 000	20 000	30 000
2	30 000	40%	12 000	32 000	18 000
3	18 000	40%	7 200	39 200	10 800
4	10 800		4 400	43 600	6 400
5	6 400		4 400	48 000	2 000

4. 年数总和法

年数总和法又称合计年限法，是以计算折旧的当年年初固定资产尚可使用的年数为分子，以各年年初固定资产尚可使用年数的总和为分母，分别确定各年折旧率，用固定资产原值减去净残值后的余额乘以各年折旧率，从而计算出各年折旧额的方法。计算公式如下：

年折旧率 = 尚可使用年数 ÷ 预计使用年限的年数总和 × 100%

月折旧率 = 年折旧率 ÷ 12

年折旧额 = （固定资产原值 － 预计净残值） × 年折旧率

月折旧额 = （固定资产原值 － 预计净残值） × 月折旧率

【例5－12】通达公司拥有某项固定资产的原值为50 000元，预计使用年限为6年，预计净残值为2 000元。采用年数总和法计算各年折旧额。

预计使用年限的年数总和＝6＋5＋4＋3＋2＋1＝21（年）

各年折旧率和折旧额计算如表5－2所示。

表5－2　　折旧计算表（年数总和法）　　单位：元

年次	原值－预计净残值	折旧率	折旧额	累计折旧额	年末账面净值
1	48 000	6/21	13 714.29	13 714.29	36 285.71
2	48 000	5/21	11 428.57	25 142.86	24 857.14
3	48 000	4/21	9 142.86	34 285.72	15 714.28
4	48 000	3/21	6 857.14	41 142.86	8 857.14
5	48 000	2/21	4 571.43	45 714.29	4 285.71
6	48 000	1/21	2 285.71	48 000	2 000

课堂讨论

加速折旧法具体包括哪些方法？每种加速折旧法下企业该如何计算固定资产折旧？

固定资产折旧方法比较

实践操作

通达公司拥有机器设备一台，原值100 000元，预计净残值3 000元，预计使用10年，要求分别采用双倍余额递减法和年数总和法计算该固定资产年折旧额（请列出折旧计算表）。

三、固定资产折旧的核算

1. 账户设置

为了核算固定资产按期计提形成的折旧累计总额，企业应设置"累计折旧"账户，该账户属于"固定资产"的调整账户，借方登记处置固定资产转出的累计折旧，贷方登记企业计提的固定资产折旧，期末余额在贷方，反映企业固定资产的累计折旧额。该账户可按固定资产的类别或项目进行明细核算。

2. 账务处理

企业按月计提固定资产折旧时，通常编制固定资产折旧计算表作为固定资产折旧核算的依据。其计算公式如下：

本月应计提折旧额＝上月计提折旧额＋上月增加固定资产应计提折旧额－上月减少固定资产应计提折旧额

根据企业固定资产受益对象，应将其折旧额分配计入有关成本或费用中，相关账务处理如下：

借：制造费用　　　　（生产部门使用）
　　管理费用　　　　（管理部门使用）
　　销售费用　　　　（专设销售机构使用）
　　其他业务成本　　（经营性出租）
　　在建工程　　　　（自行建造使用）
　贷：累计折旧

【例5－13】通达公司2020年6月30日编制的固定资产折旧计算表如表5－3所示。要求作出相应的账务处理。

表5－3　　　　固定资产折旧计算表　　　　单位：元

使用部门		上月计提折旧额	上月增加固定资产应计提折旧额	上月减少固定资产应计提折旧额	本月应计提折旧额
一车间	厂房	206 000	4 000	10 000	200 000
二车间	厂房	300 000	9 000	5 000	304 000
	机器	51 000	8 000	3 000	56 000
	小计	351 000	17 000	8 000	360 000
行政管理部门		55 000	—	4 000	51 000
出租		6 000	—	—	6 000
总计		618 000	21 000	22 000	617 000

借：制造费用——一车间　　200 000
　　　　　　——二车间　　360 000
　　管理费用　　51 000
　　其他业务成本　　6 000
　贷：累计折旧　　617 000

课堂讨论

如何理解企业本月应计提的固定资产折旧额？

实践操作

利华公司2020年7月31日编制的固定资产折旧计算表如表5－4所示。

表 5-4 **固定资产折旧计算表** 单位：元

使用部门		上月计提折旧额	上月增加固定资产应计提折旧额	上月减少固定资产应计提折旧额	本月应计提折旧额
基本车间	厂房	100 000	—	10 000	90 000
	机器	80 000	20 000	15 000	85 000
	小计	180 000	20 000	25 000	175 000
行政管理部门		60 000	5 000	—	65 000
销售部门		50 000	—	3 000	47 000
工程建设部门		30 000	2 000	1 500	30 500
总计		320 000	27 000	29 500	317 500

要求：对上述业务作出相应的账务处理并正确填制记账凭证。

学习情境二　固定资产后续支出

一、固定资产后续支出的含义与分类

固定资产后续支出是指固定资产使用过程中发生的、与其使用效能直接相关的各种支出，如更新改造、修理、扩建等方面的支出。

按照支出的性质，固定资产后续支出可以分为资本化的后续支出和费用化的后续支出。其中，资本化的后续支出是指符合固定资产确认条件的支出，如更新改造支出等，这类支出应当计入固定资产成本；费用化的后续支出是指不符合固定资产确认条件的支出，如生产部门和管理部门等发生的固定资产维修费用等，这类支出应当计入当期损益。

二、固定资产后续支出的核算

1. 资本化后续支出

固定资产资本化后续支出核算的主要环节如下。

（1）固定资产转入更新改造：

借：在建工程

　　累计折旧

　　固定资产减值准备

　贷：固定资产

（2）发生更新改造的支出：

借：在建工程

　贷：原材料

应付职工薪酬

银行存款

（3）拆除部分零部件：

借：银行存款/库存现金

营业外支出

贷：在建工程

（4）更新改造完成：

借：固定资产

贷：在建工程

【例5－14】 通达公司2020年7月13日对一栋厂房进行更新改造，该厂房原值150万元，累计折旧80万元，未计提减值准备。在更新改造过程中，领用原材料10万元，发生人工费6万元，耗用水电费等7万元；拆除部分重要旧料，原值30万元，出售取得收入0.5万元存入银行。2020年12月27日该厂房改造完成，并重新投入使用，公司生产环境大为改善。

（1）2020年7月13日厂房转入更新改造：

借：在建工程——厂房改建	700 000	
累计折旧	800 000	
贷：固定资产——厂房		1 500 000

（2）发生更新改造的支出：

借：在建工程——厂房改建	230 000	
贷：原材料		100 000
应付职工薪酬		60 000
银行存款		70 000

（3）拆除部分零部件：该部分账面净值＝300 000×（1－800 000÷1 500 000）

＝140 000（元）

借：银行存款	5 000	
营业外支出	135 000	
贷：在建工程——厂房改建		140 000

（4）更新改造完成：

更新改造后的厂房成本＝700 000＋230 000－140 000＝790 000（元）

借：固定资产——新厂房	790 000	
贷：在建工程——厂房改建		790 000

2. 费用化后续支出

为了保证固定资产的正常运转和使用，企业会对固定资产的局部损坏进行维护，相关账务处理如下：

借：管理费用/销售费用

　贷：原材料

　　应付职工薪酬

　　银行存款

【例5－15】通达公司2020年10月按照既定维修计划，对公司的生产设备进行日常维修，领用修理用配件2 600元，发生人工费800元，用银行存款支付其他费用500元。不考虑其他税费。

借：管理费用——修理费	3 900	
贷：原材料——修理用配件		2 600
应付职工薪酬		800
银行存款		500

课堂讨论

企业固定资产资本化后续支出与费用化后续支出有何区别？

实践操作

通达公司2020年8月6日因生产需要，将一栋厂房交付扩建。该厂房原值250 000元，累计折旧90 000元，已计提减值准备10 000元。在扩建过程中，领用原材料80 000元，支付人工费35 000元，发生其他支出等50 000元，均通过银行转账支付。厂房拆除部分残料作价2 000元入库。要求：对上述业务进行相关账务处理并正确填制记账凭证。

任务四　固定资产的期末计量与处置

学习情境一　固定资产期末计量

固定资产在使用过程中，受到使用不当或管理不善等因素的影响，会出现价值降低、账实不符等现象，企业应当在期末对固定资产进行减值测试，确认减值损失，计提减值准备；同时通过财产清查对固定资产进行盘点，及时发现数量余缺。

一、固定资产减值

固定资产减值是指由于发生损坏、技术陈旧或其他原因而导致固定资产的可收回金额低于其账面价值的情况。为了核算固定资产的减值发生及结转活动，企业应当设置

“固定资产减值准备”账户。该账户属于资产类账户，是“固定资产”账户的抵减账户，用于核算企业因固定资产出现减值而计提的准备额。借方登记处置固定资产结转减值准备，贷方登记企业固定资产发生的减值损失，期末余额在贷方，反映企业已计提但尚未转销的固定资产减值准备。该账户按减值的固定资产项目进行明细核算。其相关账务处理如下：

借：资产减值损失

　贷：固定资产减值准备

【例5－16】通达公司有一台机器设备，账面原值300 000元，已计提折旧100 000元。2020年8月底对该设备进行减值测试，预计可收回金额为180 000元。

固定资产净值＝300 000－100 000＝200 000（元）

可收回金额－固定资产净值＝180 000－200 000＝－20 000（元），应提取减值准备20 000元。

借：资产减值损失——机器设备　　20 000

　贷：固定资产减值准备——机器设备　　20 000

课堂讨论

固定资产减值有哪些迹象？如何计提固定资产减值准备？

二、固定资产清查

企业应定期或至少于每年年末对固定资产进行清查盘点，以保证账实相符。对于账实不符的情况，应填制固定资产盘盈盘亏报告表，并及时查明原因，按照规定程序报批处理。

1. 固定资产盘盈

对于盘盈的固定资产，企业应将其作为前期差错处理，并通过“以前年度损益调整”账户核算。该账户属于过渡性损益类账户，用来核算企业本年度发生的调整以前年度损益的事项以及本年度发现的重要前期差错更正涉及调整以前年度损益的事项。企业在资产负债表日至财务报告批准报出日之间发生的需要调整报告年度损益的事项，也可以通过本科目核算。借方登记以前年度收益减少额或损失增加额，贷方登记以前年度收益增加额或损失减少额，期末将余额转入“利润分配——未分配利润”科目后无余额。相关账务处理如下。

（1）发现固定资产盘盈：

借：固定资产

　贷：以前年度损益调整

（2）确定缴纳所得税：

借：以前年度损益调整

　贷：应交税费——应交所得税

（3）结转以前年度损益调整：

借：以前年度损益调整

贷：利润分配——未分配利润

【例5－17】通达公司2020年3月进行财产清查，发现机器设备一台尚未入账，重置成本为25 000元（假定与其计税基础不存在差异）。根据规定，该资产作为前期差错进行处理。该公司按照净利润的10%计提法定盈余公积。

（1）发现固定资产盘盈：

借：固定资产　　25 000

贷：以前年度损益调整　　25 000

（2）确定缴纳所得税：

应交所得税＝25 000×25%＝6 250（元）

借：以前年度损益调整　　6 250

贷：应交税费——应交所得税　　6 250

（3）结转以前年度损益调整：

借：以前年度损益调整　　18 750

贷：盈余公积——法定盈余公积　　1 875

利润分配——未分配利润　　16 875

2. 固定资产盘亏

企业发现固定资产盘亏时，应通过“待处理财产损溢——待处理非流动资产损溢”账户核算。按照管理权限报经批准后，根据具体原因，进行相应的账务处理。

（1）发现固定资产盘亏：

借：待处理财产损溢——待处理非流动资产损溢

累计折旧

固定资产减值准备

贷：固定资产

（2）报经批准后具体处理：

借：其他应收款

营业外支出

贷：待处理财产损溢——待处理非流动资产损溢

【例5－18】通达公司2020年发现盘亏设备一台，该设备原值20 000元，分摊的增值税额为2 600元，已计提折旧5 000元，已计提减值准备2 000元，则相关账务处理如下。

（1）发现固定资产盘亏：

借：待处理财产损溢——待处理非流动资产损溢　　13 000

累计折旧　　5 000

固定资产减值准备　　2 000

　　贷：固定资产——设备　　　　　　　　　　　　　　　　　　20 000

(2) 报经批准后：

转出的进项税 = 折余价值 15 000 × 13% = 1 950 (元)

借：营业外支出——盘亏损失　　　　　　　　　　　　　　14 950

　　贷：待处理财产损溢——待处理非流动资产损溢　　　　　　13 000

　　　　应交税费——应交增值税（进项税转出）　　　　　　　1 950

课堂讨论

固定资产盘盈与盘亏的核算有何异同？

实践操作

2020 年 1 月 20 日通达公司在财产清查过程中发现一台机器设备尚未入账，重置成本为 50 000 元（假定与其计税基础无差异），公司按净利润的 10% 计提法定盈余公积。1 月 30 日发现盘亏电脑一台，原值 15 000 元，已计提折旧 8 000 元，适用增值税税率为 13%。1 月 31 日某项固定资产原值 60 000 元，已计提折旧 10 000 元，已提减值准备 9 000元，经减值测试发现，预计可收回金额 35 000 元。要求：对上述业务进行会计处理并正确填制记账凭证。

学习情境二　固定资产处置

固定资产处置是指企业在生产经营过程中将不适用或不需用的固定资产进行出售、转让、报废、对外投资、非货币性资产交换、债务重组等处理。

一、固定资产终止确认的条件

固定资产满足下列条件之一的，应当予以终止确认。

（1）该固定资产处于闲置状态，即不再用于生产产品、提供劳务、出租或经营管理。

（2）该固定资产预期通过使用或处置不能产生经济利益。

二、固定资产处置的核算

企业将固定资产出售、转让、报废，一般通过“固定资产清理”账户核算。该账户属于资产类账户，借方登记转入清理的固定资产净值、清理费用以及结转的清理净收益，贷方登记出售固定资产的价款、残料收入、变价收入、赔偿受害人以及结转的清理净损失，期末余额如在借方，反映未结转的清理损失，期末余额在贷方，反映未结转的清理收益。相关账务处理如下。

（1）固定资产的出售、报废转入固定资产清理时：

借：固定资产清理　　　　　　　　　　（固定资产净值）

　　累计折旧　　　　　　　　　　　　（已计提折旧）

　　固定资产减值准备　　　　　　　　（已计提减值准备）

　　贷：固定资产　　　　　　　　　　（固定资产原值）

（2）将发生的清理费用转入固定资产清理：

借：固定资产清理

　贷：银行存款/库存现金等

（3）收到出售固定资产价款、发生残料价值和变价收入：

借：银行存款

　　原材料

　贷：固定资产清理

若收到保险公司或过失人赔偿的损失，则：

借：银行存款

　　其他应收款

　贷：固定资产清理

（4）固定资产清理结束，若为净收益：

借：固定资产清理

　贷：营业外收入

固定资产清理结束，若为净损失：

借：营业外支出

　贷：固定资产清理

固定资产处置的四步法

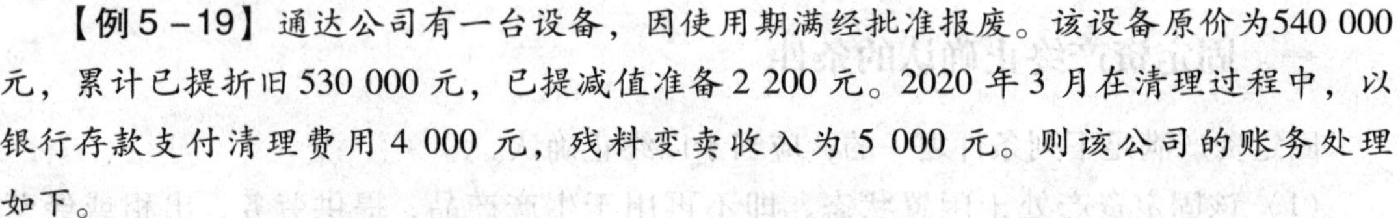

【例5－19】通达公司有一台设备，因使用期满经批准报废。该设备原价为540 000元，累计已提折旧530 000元，已提减值准备2 200元。2020年3月在清理过程中，以银行存款支付清理费用4 000元，残料变卖收入为5 000元。则该公司的账务处理如下。

（1）固定资产净值转入清理：

根据上述资料，固定资产净值＝540 000－530 000－2 200＝7 800（元）

借：固定资产清理　　　　　　　　　　　　7 800

　　累计折旧　　　　　　　　　　　　　530 000

　　固定资产减值准备　　　　　　　　　　2 200

　贷：固定资产——设备　　　　　　　　　　　540 000

（2）发生清理费用：

借：固定资产清理　　　　　　　　　　　　4 000

　贷：银行存款　　　　　　　　　　　　　　　4 000

（3）收到残料变价收入：

借：银行存款　　5 000

　贷：固定资产清理　　5 000

（4）结转固定资产净损益 =5 000 − 7 800 − 4 000 = − 6 800（元）。

借：营业外支出　　6 800

　贷：固定资产清理　　6 800

课堂讨论

企业如何确认固定资产的处置损益？

实践操作

通达公司2020年9月对一台使用期满的设备进行报废。该设备原价为54 800元，已提折旧48 000元，已提减值准备3 000元。在清理过程中，以银行存款支付清理费用2 000元，残料变卖收入为2 300元。要求作出相关账务处理并正确填制记账凭证。

本项目小结

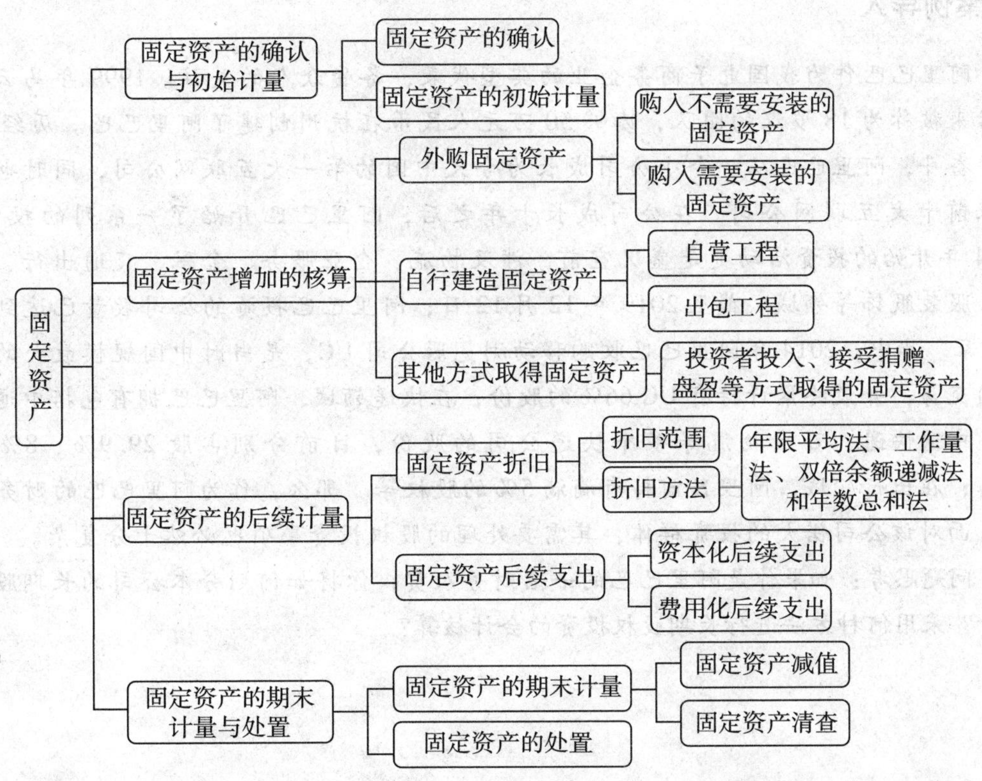

项目六　长期股权投资

知识目标

1. 理解长期股权投资的概念与分类；
2. 掌握长期股权投资的成本法范围和权益法范围；
3. 熟悉长期股权投资的账户设置和核算过程。

能力目标

1. 熟练使用成本法和权益法进行长期股权投资初始成本的确定；
2. 利用成本法对长期股权投资取得、投资损益和处置进行核算；
3. 利用权益法对长期股权投资取得、投资损益和处置进行核算。

案例导入

阿里巴巴作为我国电子商务企业的典型代表，备受众人的关注。1999 年马云带领后来被称为 18 罗汉的团队，凑够 50 万元人民币在杭州创建了阿里巴巴。历经 20 多年奋斗，阿里巴巴从一个小公司成长为今天中国的第一大互联网公司，同时也是全球前十大互联网公司。在公司成长十年之后，阿里巴巴开始了一系列的投资，2014 年开始的投资活动更是盛况空前，涉及物流、企业服务、金融、交通出行、文娱、服装服饰等领域。截至 2019 年 12 月 12 日，阿里巴巴投资的公司数量已达到近 500 家。其中，2014 年阿里巴巴收购移动浏览器公司 UC，是当时中国规模最大的互联网交易，并最终累计持有 UC 66% 的股份；在快递领域，阿里巴巴拥有包括申通快递、中通快递、百世物流等多个快递公司的股份，目前分别占股 29.9%、8% 和 28%；在出行领域，阿里目前持有滴滴 5% 的股权等。那么，作为阿里巴巴的财务人员，面对该公司偌大的投资群体，其需要处理的股权投资事项也必然十分复杂。

问题思考：如果你是阿里巴巴的一名财务人员，你将如何划分本公司的长期股权投资？采用何种方法进行长期股权投资的会计核算？

任务一　长期股权投资概述

学习情境一　长期股权投资的概念与分类

一、长期股权投资的概念

长期股权投资是指投资方对被投资方实施控制或重大影响的权益性投资，以及对其合营企业的权益性投资。除此之外，其他权益性投资不作为长期股权投资进行核算。

长期股权投资的特点主要有以下4点：

（1）长期股权投资是以让渡企业部分资产而换取的另一项非流动资产；

（2）长期股权投资是企业在生产经营活动之外持有的非流动资产；

（3）长期股权投资是一种以要求取得较多长期收益或利益权利为表现形式的资产；

（4）长期股权投资是一种有较高财务风险的资产。

二、长期股权投资的分类

长期股权投资的分类确定了长期股权投资的核算范围。根据《企业会计准则第2号——长期股权投资》规范的权益性调整，长期股权投资的分类主要包括以下方面。

（1）能够实施控制的权益性投资，即对子公司的投资。控制是指投资方对被投资方的权力，通过参与被投资方的相关活动而享有可变回报，并且有能力运用对被投资方的权力影响其回报金额。

（2）实施共同控制的权益性投资，即对合营企业的权益性投资。共同控制是指按照合同约定对某项经济活动共有的控制，并且该经济活动必须经过分享控制权的参与方一致同意后才能决策。

（3）具有重大影响的权益性投资，即对联营企业的投资。重大影响是指企业对被投资方的财务和经营政策有参与决策的权力，但并不能够控制或者与其他方一起共同控制这些政策的制定。通常，投资方直接或通过子公司间接拥有被投资方20%以上且不超过50%的表决权股份，但未形成控制或共同控制的，可以认为对被投资方具有重大影响。

除了上述能够实施控制的权益性投资、实施共同控制的权益性投资和具有重大影响的权益性投资外，企业持有的其他权益性投资，应当按照金融工具确认和计量准则的规定，在初始确认时分类为以公允价值计量且其变动计入当期损益的金融资产（如交易性金融资产）或指定为以公允价值计量且其变动计入其他综合收益的金融资产（如其他权益工具投资）。

学习情境二　长期股权投资的核算方法

长期股权投资的核算方法有两种：成本法和权益法。

长期股权投资的范围和初始计量

一、成本法

1. 成本法的含义

成本法是指某项长期股权投资的账面价值在其持有期间，除追加或收回投资外，始终保持按其初始投资成本计量的方法。

2. 成本法核算的范围

成本法核算的是企业能够对被投资方实施控制的长期股权投资，即企业对子公司的长期股权投资，一般是指股权控制比例超过50%的权益性投资。

二、权益法

1. 权益法的含义

权益法是指企业在取得长期股权投资时以初始投资成本计量，在持有期间要根据所享有被投资方所有者权益份额的变动，对长期股权投资账面价值进行相应调整的会计处理方法。

2. 权益法核算的范围

（1）企业对被投资单位具有共同控制的长期股权投资，即企业对其合营企业的长期股权投资。

（2）企业对被投资单位具有重大影响（股权比例处于20%～50%）的长期股权投资，即企业对其联营企业的长期股权投资。

课堂讨论

如何准确把握长期股权投资的含义？长期股权投资成本法与权益法的核算范围有什么区别？

任务二　长期股权投资的成本法与权益法

学习情境一　长期股权投资的成本法

一、长期股权投资的初始计量

在成本法下，长期股权投资初始成本是指企业取得长期股权投资时支付的全部价款，以及支付的税金、手续费等相关费用。其中，实际支付价款或对价中包含的已宣告但尚未领取的现金股利或利润，作为应收项目处理，不构成长期股权投资的初始成本。

1. 账户设置

为了核算成本法下长期股权投资的取得、持有和处置等情况，企业应当设置“长期股权投资”“应收股利”“投资收益”和“长期股权投资减值准备”等账户。

（1）“长期股权投资”账户。

该账户属于资产类账户，核算企业持有的长期股权投资，借方登记长期股权投资取得时的初始投资成本，贷方登记处置的长期股权投资账面余额，期末余额在借方，反映企业持有的长期股权投资价值。该账户应当按照被投资方进行明细核算。长期股权投资采用权益法核算的，还应当分别按“成本”“损益调整”“其他权益变动”账户进行明细核算。

（2）“长期股权投资减值准备”账户。

该账户属于资产类账户，是“长期股权投资”的抵减账户，用来核算长期股权投资已计提的减值准备金额，借方登记减值准备的减少和结转，贷方登记减值准备的计提，期末余额在贷方，反映企业已计提但尚未转销的减值准备金额。

2. 长期股权投资取得的账务处理

企业取得长期股权投资时，应按照初始成本计价，若追加投资，则应调整长期股权投资成本。

（1）除企业合并形成的长期股权投资以外，以支付现金、非现金资产等方式取得的长期股权投资，应当按照上述规定确定长期股权投资初始成本，相关账务处理如下：

借：长期股权投资　　　　　　（长期股权投资的初始成本）
　　应收股利　　　　　　　　（已宣告但尚未发放的现金股利或利润）
　贷：银行存款/其他货币资金等　（实际支付的价款）

【例6－1】通达公司2020年3月9日以现金方式购入利华公司60%的股权，实际支付价款608 000元，其中包含已宣告但尚未发放的现金股利8 000元，另外支付相关税费7 600元，有关手续均已在当日完成，并能够对被投资方实施控制。

借：长期股权投资——利华公司（成本）　　（608 000 - 8 000 + 7 600）
607 600

　　应收股利　　8 000

　贷：银行存款　　615 600

（2）以发行权益性证券取得的长期股权投资，相关账务处理如下：

借：长期股权投资　　（权益性证券的公允价值）

　贷：股本　　（权益性证券的面值）

　　银行存款　　（支付的佣金、手续费等）

　　资本公积——股本溢价　　（按上述差额）

【例 6 - 2】通达公司 2020 年通过增发普通股 500 000 股（每股面值 1 元）以对价取得林峰公司 55% 的股权，该批普通股的公允价值为 980 000 元，支付的佣金和手续费为 60 000 元。

借：长期股权投资——林峰公司（成本）　　980 000

　贷：股本　　500 000

　　银行存款　　60 000

　　资本公积——股本溢价　　420 000

二、长期股权投资持有期间收益的确认

企业在持有长期股权投资期间，被投资方宣告分派现金股利或利润时，相关账务处理如下：

借：应收股利

　贷：投资收益

【例 6 - 3】通达公司 2020 年 5 月 18 日以 300 000 元购入林峰公司 60% 的股权，准备长期持有，并能够实施对该公司的控制。2020 年 12 月 23 日被投资方宣告分派现金股利，通达公司按持股比例可分得 50 000 元。

（1）购买股权：

借：长期股权投资——林峰公司（成本）　　300 000

　贷：银行存款　　300 000

（2）被投资方宣告分派现金股利：

借：应收股利　　50 000

　贷：投资收益　　50 000

课堂讨论

成本法下如何核算企业对长期股权投资的取得和持有收益？

实践操作

通达公司2020年9月1日购入A公司70%的普通股80万股（每股面值1元，公允价值2元），向证券承销机构支付佣金和手续费1万元。所有款项均用银行存款支付。2020年12月20日A公司宣告分派现金股利0.2元/股。2021年4月10日现金股利发放。要求：对通达公司上述业务进行会计处理并正确填制记账凭证。

三、长期股权投资的处置

处置长期股权投资时，按照实际取得的价款与账面价值的差额确认为投资收益，同时应结转已计提的长期股权投资减值准备。相关账务处理如下：

借：银行存款　　（实际取得的价款）
　　长期股权投资减值准备　　（已计提的长期股权投资减值准备）
　贷：长期股权投资——成本　　（长期股权投资账面价值）
　　　应收股利　　（已宣告但尚未发放的现金股利或利润）
　　　投资收益　　（按上述差额，贷记或借记）

【例6-4】 通达公司2020年8月20日将所持有的利华公司股权全部售出，账面成本为600 000元，已计提减值准备190 000元，出售价款为450 000元，其中包含已宣告但尚未发放的现金股利50 000元。

借：银行存款　　450 000
　　长期股权投资减值准备　　190 000
　　投资收益　　10 000
　贷：长期股权投资——利华公司（成本）　　600 000
　　　应收股利　　50 000

成本法下长期股权投资账务处理总结

实践操作

通达公司持有利华公司有表决权股份的60%，账面价值为630 000元，能够对利华公司实施控制。2019年底通达公司对该项股权计提减值准备260 000元。2020年6月25日，通达公司将持有的利华公司股份全部转让，取得价款580 000元，其中包含已宣告但尚未发放的现金股利20 000元。要求：对通达公司上述业务进行会计处理并正确填制记账凭证。

学习情境二　长期股权投资的权益法

一、长期股权投资的初始计量

在权益法下投资企业取得长期股权投资后，应随着被投资方所有者权益的变动而相应调整长期股权投资的账面成本。投资企业对被投资单位具有共同控制或重大影响的长期股权投资，应当采用权益法核算。在权益法下，企业取得长期股权投资时，需要分如下两种情况进行处理。

（1）长期股权投资初始成本大于投资时应享有被投资方可辨认净资产公允价值份额的，不调整长期股权投资的初始成本。相关账务处理如下：

借：长期股权投资——成本

　贷：银行存款

【例6-5】通达公司2020年5月3日以900 000元购入飞扬公司30%的股权，对其实施重大影响。取得投资时被投资方可辨认净资产公允价值为1 000 000元，通达公司如何进行账务处理？

通达公司投资成本为900 000元，大于应享有被投资方可辨认净资产公允价值份额300 000（1 000 000×30%）元，不调整长期股权投资的账面成本。

借：长期股权投资——飞扬公司（成本）　　900 000

　贷：银行存款　　900 000

（2）长期股权投资初始成本小于投资时应享有被投资方可辨认净资产公允价值份额的，其差额应当计入当期损益（营业外收入，视同捐赠所得），同时调整长期股权投资的成本。

借：长期股权投资——成本

　贷：银行存款

借：长期股权投资——成本

　贷：营业外收入

【例6-6】沿用例6-5资料。若通达公司出资200 000元购买飞扬公司30%的股权，其他条件不变，则通达公司如何进行账务处理？

通达公司投资成本为200 000元，小于应享有被投资方可辨认净资产公允价值份额300 000（1 000 000×30%）元，需要调整增加初始成本。

取得长期股权投资时：

借：长期股权投资——飞扬公司（成本）　　200 000

　贷：银行存款　　200 000

账面成本调整：

借：长期股权投资——飞扬公司（成本）　　100 000

　贷：营业外收入　　100 000

课堂讨论

权益法下企业如何进行长期股权投资取得的核算？

实践操作

2020年6月1日通达公司以300 000元购入南方公司25%的股权，对其实施重大影响。若取得投资时被投资方可辨认净资产公允价值为 1 100 000 元，则通达公司如何进行账务处理？若取得投资时被投资方可辨认净资产公允价值为 1 300 000 元，则通达公司又该如何进行账务处理？请填制所有记账凭证。

二、长期股权投资持有期间损益的确认

一般而言，企业对长期股权投资持有期间损益的确认包括 4 种情形：净利润、净亏损、分派利润或现金股利、其他所有者权益变动。

（1）被投资方产生净利润，按应享有的收益份额：

借：长期股权投资——损益调整

　贷：投资收益

【例 6－7】通达公司持有飞扬公司 30% 具有表决权的股份，能够对其生产经营决策施加重大影响。2020 年度飞扬公司实现净利润 800 000 元。

通达公司应享有的收益份额＝800 000×30%＝240 000（元）

借：长期股权投资——飞扬公司（损益调整）　　240 000

　贷：投资收益　　240 000

（2）被投资方发生净亏损，按应分担的亏损份额：

借：投资收益

　贷：长期股权投资——损益调整

但分担的亏损应以长期股权投资账面余额减记至零为限。

【例 6－8】沿用例 6－7 资料。若飞扬公司 2020 年度亏损 100 000 元，则通达公司应分担的亏损份额＝100 000×30%＝30 000（元）。

借：投资收益　　30 000

　贷：长期股权投资——飞扬公司（损益调整）　　30 000

（3）被投资方宣告分派现金股利或利润：

借：应收股利

　贷：长期股权投资——损益调整

【例 6－9】沿用例 6－7 资料。若 2020 年 4 月 5 日宣告分派现金股利 150 000 元，则账务处理如下。

借：应收股利——飞扬公司（150 000×30%）　　45 000

　贷：长期股权投资——飞扬公司（损益调整）　　45 000

（4）其他所有者权益变动的确认：

借：长期股权投资——其他权益变动

　贷：资本公积——其他资本公积

【例 6－10】通达公司持有飞扬公司 30% 具有表决权的股份，能够对其生产经营决策施加重大影响。2020 年度飞扬公司接受利华公司实质上属于资本性投入的现金捐赠

200 000 元，并将之计入资本公积，导致所有者权益发生变动。

通达公司应享有其他权益变动份额 = 200 000 × 30% = 60 000（元）

借：长期股权投资——飞扬公司（其他权益变动）　　60 000

　贷：资本公积——其他资本公积　　60 000

课堂讨论

权益法下企业如何确认长期股权投资持有期间的损益？

实践操作

通达公司 2019 年 1 月 5 日以银行存款 90 万元购入利华公司 25% 的有表决权股份，对其构成重大影响。取得投资时利华公司可辨认净资产公允价值为 500 万元。2019 年利华公司实现净利润 100 万元；2020 年 4 月 20 日宣告发放股利 40 万元；2020 年发生亏损 60 万元。假设不考虑相关税费，通达公司应如何进行账务处理？请填制所有记账凭证。

三、长期股权投资的处置

处置长期股权投资发生的损益应当在符合股权转让条件时予以确认，计入处置当期损益。相关账务处理如下：

借：银行存款　　（实际收到的价款）

　　长期股权投资减值准备　　（已计提的减值准备）

　贷：长期股权投资——成本　　（初始投资成本）

　　　　　　　　——损益调整　　（持有期间的损益）

　　　　　　　　——其他权益变动　　（计入资本公积的其他权益变动）

　　　　　　　　——其他综合收益　　（转入当期损益的其他综合收益）

　　　应收股利　　（价款包含已宣告但尚未发放的现金股利）

　　　投资收益　　（按上述差额，借记或贷记）

同时，将原计入资本公积的其他权益变动金额转入投资收益。

借：资本公积——其他资本公积

　贷：投资收益

【例 6－11】通达公司拥有利华公司有表决权股份的 30%，对其构成重大影响。2020 年 12 月 30 日，通达公司出售利华公司的全部股权，所得价款 110 000 元全部存入银行，当日该项长期股权投资账面余额为 200 000 元，其中投资成本为 100 000 元，损益调整（借方）70 000 元，其他权益变动（借方）30 000 元。已计提减值准备 180 000 元。假设不考虑相关税费，则通达公司作出如下账务处理：

借：银行存款　　110 000

　　长期股权投资减值准备　　180 000

　　贷：长期股权投资——利华公司（投资成本）　　100 000
　　　　　　　　　——利华公司（损益调整）　　70 000
　　　　　　　　　——利华公司（其他权益变动）　　30 000
　　　　投资收益　　90 000

同时，将原计入资本公积的其他权益变动金额转入投资收益。

借：资本公积——其他资本公积　　30 000
　　贷：投资收益　　30 000

课堂讨论

比较成本法和权益法下企业对长期股权投资处置有何异同？

权益法下长期股权投资账务处理总结

实践操作

通达公司拥有利华公司表决权股份的35%，对其构成重大影响。2020年4月5日通达公司将持有的利华公司股份全部转让，收到转让价款350 000元。转让当日，该项长期股权投资的账面余额为290 000元，其中，投资成本200 000元，损益调整（贷方）60 000元，其他权益变动（借方）150 000元。要求：对通达公司上述业务作出账务处理并正确填制记账凭证。

本项目小结

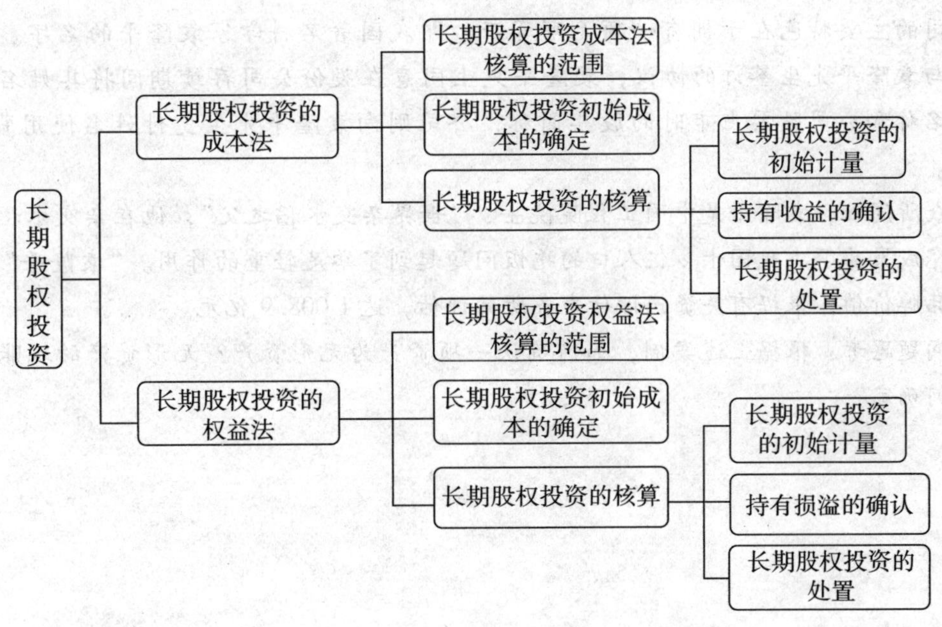

项目七　无形资产

知识目标

1. 理解无形资产的概念与确认条件；
2. 掌握无形资产的初始计量；
3. 熟悉无形资产摊销、减值与处置的核算方法。

能力目标

1. 熟练进行无形资产取得的核算；
2. 具备无形资产摊销计算及核算能力；
3. 具备无形资产减值与处置的核算能力。

案例导入

袁隆平农业高科技股份有限公司是一家以袁隆平先生命名的公司，主要从事杂交水稻、杂交辣椒、西甜瓜等高科技农作物种子、种苗的培育、繁殖和推广销售。该公司的主要特色在于拥有一项无形资产，即我国著名科学家袁隆平的名字。根据公司与袁隆平先生签订的协议，袁隆平先生同意在股份公司存续期间将其姓名用作公司名称和公司股票上市时的股票简称，公司则向袁隆平先生支付姓名使用费580万元。

众所周知，袁隆平是中国工程院院士、“世界杂交水稻之父”，他在杂交水稻方面的研究成果为解决我国十多亿人口的吃饭问题起到了举足轻重的作用。“袁隆平”3个字的品牌价值，根据有关资产评估事务所的评估，达1 008.9亿元。

问题思考：根据上述案例，如何确认一项资产为无形资产？无形资产的入账价值该如何确定？

任务一　无形资产的确认和初始计量

无形资产的确认和初始计量

学习情境一　无形资产的确认

一、无形资产的概念与特点

无形资产是指企业拥有或控制的、没有实物形态的可辨认非货币性资产。主要包括专利权、商标权、非专利技术、著作权、土地使用权、特许权等。商誉具有不可辨认的特点，不属于国际会计准则认定的无形资产。

无形资产的特点主要表现在如下几个方面。

（1）没有实物形态。无形资产看不见，摸不着，不占用或少占用空间，但需要依附一定的实物载体存在。如计算机软件存储于具有实物形态的介质中。

（2）能在较长的时期内为企业提供经济效益。无形资产代表的是企业拥有的某些特殊权利或优势，能够为企业带来长期利益。除法律规定的年限外，企业无法断定无形资产经济年限长短。

（3）企业持有是为了使用而不是为了出售。企业持有无形资产是为了生产商品、提供劳务、出租或管理活动。

（4）未来经济利益的大小具有较大的不确定性。在外部因素的影响下，无形资产价值存在较大的不确定性。

（5）具有较高的垄断性。企业依法享有无形资产的所有权，具有较强的排他性，对无形资产带来的利益是专有的。

二、无形资产的确认条件

作为无形的资产项目，首先要符合无形资产的定义，其次还要同时符合以下两个条件。

（1）与该无形资产有关的经济利益很可能流入企业。要确定无形资产所创造的经济利益是否很可能流入企业，需要实施职业判断，即对无形资产在预计寿命内可能创造的各种经济因素作出合理估计，并应当有确凿的证据支持。如企业是否有足够的人力资源、高素质管理团队、相关原材料和硬件设备等来配合无形资产为企业创造经济利益。同时，还要关注一些外界因素的影响，比如，是否存在相关的新技术、新产品冲击，或者据其生产的产品是否存在市场，从而作出最稳健的估计。

（2）该无形资产的成本能够可靠的计量。对于无形资产而言，这个条件较为重要。

例如，企业自创商誉及内部产生的品牌、报刊名等，因其成本无法可靠计量，而不能作为无形资产确认。

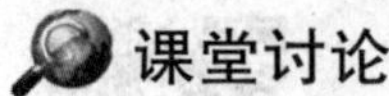

企业如何进行无形资产的确认？

学习情境二　无形资产的初始计量

无形资产的初始计量是指企业取得无形资产时入账价值的确定，即企业取得无形资产并使之达到预定用途而发生的全部支出。无形资产通常按照实际成本进行初始计量。对于从不同来源取得的无形资产，其成本计算和账务处理也不尽相同。

一、外购无形资产

1. 外购无形资产成本的确定

外购无形资产是企业取得无形资产的重要渠道。外购无形资产的成本包括购买价款、相关税费以及可直接归属于使无形资产达到预定用途所发生的其他支出。其中，直接归属于使无形资产达到预定用途所发生的其他支出包括其中的专业服务费、测试无形资产能否正常发挥作用的费用等，但不包括为引入新产品进行宣传而发生的广告费、管理费及其他间接费用，也不包括可抵扣的进项税额和无形资产达到预定用途后发生的费用。

2. 外购无形资产的核算

为了核算外购无形资产的增减变动及结存情况，企业应当设置“无形资产”账户。该账户属于资产类账户，借方登记取得无形资产的成本，贷方登记处置无形资产转出的账面金额，期末余额在借方，反映企业无形资产的成本。该账户按无形资产项目进行明细核算。

【例7－1】通达公司2020年6月5日支付转让费及有关手续费268 000元购买某新产品的专利权，增值税25 000元，款项已通过银行转账支付。

借：无形资产——专利权	268 000	
应交税费——应交增值税（进项税额）	25 000	
贷：银行存款		293 000

二、投资者投入的无形资产

投资者投入的无形资产成本，应当按投资合同或协议约定的价值确定。如果合同或协议约定的价值不公允，则按无形资产的公允价值入账。无形资产的入账价值与折合资本额之间的差额，作为资本溢价或股本溢价，计入资本公积。

【例7－2】通达公司2020年6月13日收到投资者以其商标权作价投资，合同约定的价值为280 000元，增值税28 000元，折合为公司股票300 000股，每股面值1元。

借：无形资产——商标权　　280 000
　　应交税费——应交增值税（进项税额）　　28 000
　贷：股本　　300 000
　　　资本公积——股本溢价　　8 000

三、自行研究开发的无形资产

对于企业自行研究开发的无形资产项目，应当区分研究阶段和开发阶段分别进行核算。

1. 研究阶段和开发阶段的区分

（1）研究阶段。

研究是指为了获取并理解新的科学或技术知识等进行的有计划调查。研究阶段基本上是探索性的，其成果具有不确定性，对于研究阶段的支出，应当在发生时费用化计入当期损益（管理费用）。

（2）开发阶段。

开发是指在进行商业性生产或使用前，将研究成果或其他知识应用于某项计划或设计，以生产出新的或具有实质性改进的材料、装置和产品等。相对于研究阶段，开发阶段应当是已经完成研究阶段的工作，在很大程度上具备了形成一项新产品或新技术等基本条件。如果企业能够证明开发支出符合无形资产的定义及相关确认条件，则可将其确认为无形资产。否则，应当计入当期损益（管理费用）。开发阶段相关支出资本化的条件如下。

①完成该无形资产以使其能够被使用或出售在技术上具有可行性；

②具有完成该无形资产并将其使用或出售的意图；

③具有可靠的产生经济利益的方式；

④有足够的技术、财务资源和其他资源支持；

⑤归属于该无形资产开发阶段的支出能够可靠地计量。

无法区分研究阶段和开发阶段的支出，应当在发生时将其费用化，计入当期损益（管理费用）。

2. 自行开发无形资产的成本

企业内部开发活动形成的无形资产成本，包括直接发生的和分配计入的两部分。直接发生的开发支出包括材料费、人工费、折旧费、注册费和可以资本化的利息支出等；分配计入的开发支出是指企业从事多项研发活动时，所发生的支出按照合理的标准进行分配计入的部分。

需要注意的是，自行开发无形资产的成本仅包括在满足资本化条件的时点至无形资产达到预定用途前发生的支出总和，对于同一项无形资产在开发过程中达到资本化条件前已经费用化计入当期损益的支出不再进行调整。

3. 自行研究开发无形资产的核算

为了核算企业自行研究开发无形资产过程中发生的各项支出，企业应设置“研发支出”账户。该账户属于成本类账户，借方登记归集的企业各项研究开发支出，贷方登记期末费用化研发支出的转出及达到预定用途时资本化研发支出的转出，期末余额在借方，反映企业正在进行中的研发项目满足资本化条件的支出。该账户按“资本化支出”和“费用化支出”进行明细核算。

“研发支出——资本化支出”用于核算符合资本化条件的研发支出，“研发支出——费用化支出”用于核算不符合资本化条件的研发支出。

【例7－3】 通达公司2020年7月因产品生产需要，组织研发某项新型技术。在研发过程中各项支出如下：材料费160 000元、人工费85 000元、固定资产折旧30 000元、其他费用15 000元。上述支出应予资本化的部分是206 000元，应予费用化的部分是84 000元。

（1）各项研发费用发生时：

借：研发支出——资本化支出	206 000	
——费用化支出	84 000	
贷：原材料		160 000
应付职工薪酬		85 000
累计折旧		30 000
银行存款		15 000

（2）研发项目达到预定用途时：

借：无形资产——新型技术	206 000	
贷：研发支出——资本化支出		206 000

（3）期末结转费用化支出：

借：管理费用	84 000	
贷：研发支出——费用化支出		84 000

课堂讨论

如何区分企业在自行研究开发无形资产过程中研究阶段的支出和开发阶段的支出？

实践操作

利华公司2019年3月10日决定自行研制开发某项技术。在研究开发过程中，发生材料费31 700元（含增值税），人工费50 000元，用银行存款支付的其他费用50 000元，其中，符合资本化条件的支出为35 000元。2020年6月1日，该专利技术研发成功，已经达到预定用途，以银行存款支付律师费12 000元，注册费600元。

要求：根据上述资料编制相关的会计分录并正确填制记账凭证。

四、以支付土地出让金方式取得土地使用权

购入的土地使用权或以支付土地出让金方式取得的土地使用权，按照实际支付的价款作为实际成本。

【例7－4】通达公司从当地政府购入一块土地使用权，以银行存款支付转让价款210 000元，并开始建造办公楼等工程。

（1）支付转让价款时：

借：无形资产——土地使用权　　210 000

　贷：银行存款　　210 000

（2）转入开发时：

借：在建工程　　210 000

　贷：无形资产——土地使用权　　210 000

任务二　无形资产的摊销、减值与处置

学习情境一　无形资产的摊销

企业应当在取得无形资产时判断其使用寿命。使用寿命如为确定、有限的，应进行摊销；使用寿命不确定的，不应摊销。无法预见无形资产为企业带来经济利益期限的，应当视为使用寿命不确定的无形资产。

一、无形资产摊销期的确定

企业摊销无形资产，应当从无形资产可供使用时起，至不再作为无形资产确认时止。即无形资产摊销的起始和停止日期：当月增加可供使用无形资产，当月可以摊销；当月减少的无形资产，当月不再摊销。具体来说，无形资产的摊销年限应按以下原则确定：

（1）合同规定了受益年限但法律没有规定有效年限的，摊销年限不应超过合同规定的受益年限；

（2）合同没有规定受益年限但法律规定了有效年限的，摊销年限不应超过法律规定的有效年限；

（3）合同规定了受益年限且法律也规定了有效年限的，摊销年限不应超过受益年

限和有效年限两者中较短者；

（4）若合同没有规定受益年限且法律也没有规定有效年限的，摊销年限不应超过10年。

二、无形资产摊销方法

无形资产摊销方法有多种，如直线法、余额递减法和生产总量法等。目前，国际上普遍采用的主要是直线法。采用直线法时，有关计算公式如下：

无形资产应摊销金额 = 无形资产入账成本 - 预计净残值 - 已计提减值准备

每期应摊销金额 = 无形资产应摊销金额 ÷ 无形资产摊销期

三、无形资产摊销的核算

无形资产的摊销金额一般应当计入当期损益（管理费用、其他业务成本），但当某项无形资产包含的经济利益是通过所生产的产品或其他资产所实现的，其摊销金额应计入相关资产的成本。

累计折旧与累计摊销的异同

为了核算使用寿命有限的无形资产摊销金额，企业应单独设置“累计摊销”账户。该账户是“无形资产”的调整账户，借方登记处置无形资产转出的累计摊销额，贷方登记企业按期计提的无形资产摊销额，期末余额在贷方，反映企业无形资产的累计摊销额。该账户按无形资产项目进行明细核算。其相关账务处理如下：

借：管理费用　　　　　　（管理部门所用）
　　制造费用　　　　　　（用于生产）
　　其他业务成本　　　　（出租）
　贷：累计摊销

【例7-5】通达公司对于无形资产采用直线摊销法。2020年8月该公司购入一项价值为360 000元、有效使用年限为5年的专利权用于产品生产。同时购入一项价值为510 000元、有效使用年限为10年的特许权用于经营管理。另外，将一项价值为18 000元、有效使用年限为8年的专有技术用于出租。假定上述无形资产的残值均为零。则该公司应如何进行摊销账务处理？

专利权每月摊销额 = 成本 ÷（有效使用年限 ×12） = 360 000 ÷ 60 = 6 000（元）

特许权每月摊销额 = 510 000 ÷（10 ×12） = 4 250（元）

专有技术每月摊销额 = 18 000 ÷（8 ×12） = 187.5（元）

借：制造费用　　　　　　　　　　　　6 000
　　管理费用　　　　　　　　　　　　4 250
　　其他业务成本　　　　　　　　　　　187.5
　贷：累计摊销——专利权　　　　　　　　6 000

——特许权　　4 250

——专有技术　　187.5

课堂讨论

对于使用寿命有限的无形资产，企业应当如何确定其摊销期和摊销额？

实践操作

通达公司2020年9月购入一项专利权，其账面价值为390 000元，法定保护期限为10年，公司预计该项专利权的使用寿命为5年，每年年末采用直线法进行摊销。要求作出相关账务处理并正确填制记账凭证。

学习情境二　无形资产的减值与处置

一、无形资产的减值

由于受到科学技术进步和市场等影响，无形资产在资产负债表日可能会出现减值的迹象。如果无形资产存在减值迹象，企业应当进行减值测试，估计无形资产的可收回金额，可收回金额低于账面价值的，应计提相应的减值准备。

无形资产减值损失一旦确认，在以后会计期间不得转回。

为了核算计提的无形资产减值准备金额，企业应设置“无形资产减值准备”账户，该账户是“无形资产”的抵减账户，借方登记减值准备的减少和结转，贷方登记减值准备的计提，期末余额在贷方，反映企业已计提的无形资产减值准备金额。该账户按无形资产项目进行明细核算。

【例7-6】通达公司拥有一项专利权，初始成本为850 000元。2020年12月31日公司对该专利权进行减值测试，发现已经减值，其公允价值为790 000元。

可收回金额-初始成本=790 000-850 000=-60 000（元），应计提减值准备60 000元。

借：资产减值损失　　60 000

　贷：无形资产减值准备——专利权　　60 000

二、无形资产的处置

无形资产的处置是指无形资产出售、出租、对外捐赠，或无法为企业未来带来经济利益时(报废)，应对无形资产终止确认并转销。

1. 无形资产的出售

企业出售无形资产，意味着企业放弃该无形资产的所有权，应终止确认并转销无形资产的摊余价值。如果已经计提了减值准备，在出售时还应将该减值准备加以注销。企业出售无形资产应按6%的增值税税率计算缴纳增值税，土地使用权出售时增值税税率为10%。企业出售无形资产的净损益，计入资产处置损益。相关账务处理如下：

借：银行存款

　　累计摊销

　　无形资产减值准备

　贷：无形资产

　　　应交税费——应交增值税（销项税额）

　　　资产处置损益（若损失记借方，收益记贷方）

无形资产的处置

【例7-7】2020年5月9日通达公司将一项商标权出售，取得增值税专用发票注明的价款200 000元，增值税12 000元，款项已存入银行。该商标权账面余额300 000元，已摊销金额110 000元，已计提减值准备9 000元。假定不考虑其他税费。

无形资产账面净值=300 000-110 000-9 000=181 000（元）

出售净收益=200 000-181 000=19 000（元）

借：银行存款	212 000	
累计摊销	110 000	
无形资产减值准备	9 000	
贷：无形资产——商标权		300 000
应交税费——应交增值税（销项税额）		12 000
资产处置损益		19 000

2. 无形资产的出租

出租无形资产是指企业将无形资产使用权让渡给其他企业，并收取租金。租金收入应满足企业收入确认的条件。专利技术和非专利技术使用权让渡及其相关服务免征增值税，商标权和著作权使用权让渡按6%的税率计算销项税。相关账务处理如下。

（1）按期收取租金时：

借：银行存款

　贷：其他业务收入——租金收入

　　　应交税费——应交增值税（销项税额）

（2）摊销出租无形资产成本和其他相关费用支出：

借：其他业务成本

　贷：累计摊销

【例7-8】2020年5月10日通达公司将一项已经入账的商标权出租给甲企业使用，租期5年，年租金100 000元（不含税），每年年末收取。该商标权的初始成本为900 000元，预计使用10年，采用直线法摊销。

（1）每年年末取得租金收入时：

借：银行存款　　106 000

　贷：其他业务收入——租金收入　　100 000

　　　应交税费——应交增值税（销项税额）　　6 000

（2）摊销无形资产成本：

借：其他业务成本　　90 000

　贷：累计摊销——商标权　　90 000

3. 无形资产的报废

当无形资产预期不能为企业带来经济利益时，应将无形资产转入报废并予以注销，其报废损失转作当期损益（营业外支出）。相关账务处理如下：

借：营业外支出

　　累计摊销

　　无形资产减值准备

　贷：无形资产

【例7-9】 通达公司拥有的一项商标权预期不能为企业带来经济利益，2020 年 5 月 13 日将其报废并予以注销。该商标权的账面余额为 350 000 元，累计摊销为 250 000 元，已计提减值准备为 60 000 元。假定不考虑其他相关因素。

报废损失 = 350 000 - 250 000 - 60 000 = 40 000（元）

借：营业外支出　　40 000

　　累计摊销　　250 000

　　无形资产减值准备　　60 000

　贷：无形资产——商标权　　350 000

课堂讨论

根据无形资产处置的不同情况，企业应如何进行账务处理？

实践操作

1. 通达公司 2019 年 6 月 1 日决定自行研究开发某项专利技术，发生材料费 46 800 元（含增值税），人工费 100 000 元，用银行存款支付的其他费用 80 000 元，其中，符合资本化条件的支出为 180 000 元。2020 年 1 月 1 日，该专利技术研发成功，已达到预定用途，以银行存款支付律师费 11 400 元，注册费 600 元。该项专利权的法定保护期限为 10 年，公司预计该项专利权的使用寿命为 5 年，采用直线法于每年年末摊销。

要求：根据上述资料进行相关账务处理并正确填制记账凭证。

2. 通达公司 2020 年 9 月 3 日从远方公司购入某项商标权，价格 400 000 元，相关手续费 14 000 元，款项通过银行转账支付。9 月 8 日接受利华公司投资的某项专利权，双方同意作价120 000元。经研究决定，上述商标权的摊销期限为10年，专利权的摊销期限为8年，从使用月份开始按月摊销。假设通达公司将上述专利权使用6个月后转给其他单位，取得价款115 000元存入银行。

要求：根据上述资料进行相关账务处理并正确填制记账凭证。

无形资产账务处理总结

本项目小结

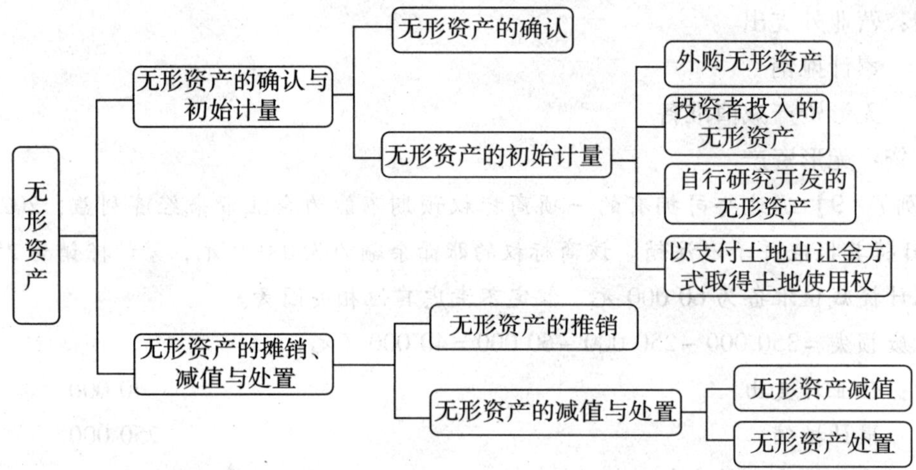

参考文献

［1］张英．财务会计实务［M］．4 版．北京：高等教育出版社，2018.
［2］刘永泽，陈立军．中级财务会计［M］．6 版．大连：东北财经大学出版社，2018.
［3］梁建民．财务会计实务［M］．2 版．北京：北京交通大学出版社，2013.
［4］中华人民共和国财政部．企业会计准则（合订本）［M］．北京：经济科学出版社，2017.

附录 资源导航